为·师·授·业·丛·书

U0742341

潘宏竹◎编著

授业篇：

校本课程的开发

上

中国出版集团

现代出版社

图书在版编目(CIP)数据

校本课程的开发(上) / 潘宏竹编著. —北京：现代出版社，2014.1
(为师授业丛书. 授业篇)
ISBN 978-7-5143-2193-7

Ⅰ. ①校⋯　Ⅱ. ①潘⋯　Ⅲ. ①中小学 – 课程建设 – 研究

Ⅳ. ①G632.3

中国版本图书馆 CIP 数据核字(2014)第 018338 号

作　　者	潘宏竹
责任编辑	王敬一
出版发行	现代出版社
通讯地址	北京市安定门外安华里 504 号
邮政编码	100011
电　　话	010 – 64267325 64245264(传真)
网　　址	www.1980xd.com
电子邮箱	xiandai@cnpitc.com.cn
印　　刷	唐山富达印务有限公司
开　　本	710mm×1000mm　1/16
印　　张	16
版　　次	2014 年 4 月第 1 版　2023 年 5 月第 3 次印刷
书　　号	ISBN 978-7-5143-2193-7
定　　价	76.00 元(上下册)

目　录

第一章　校本课程开发管理

第一节　校本课程开发的概念 …………………………………… 1

第二节　校本课程开发的原则 …………………………………… 4

第三节　校本课程开发的主体 …………………………………… 6

第四节　校本课程开发的形式 …………………………………… 8

第五节　校本课程开发的类型 …………………………………… 10

第六节　校本课程开发的内容与范围 ………………………… 12

第二章　校本课程举例(上)

第一节　华罗庚思想初探 ………………………………………… 54

第二节　生活中的数学 …………………………………………… 69

第三节　物理教学与日常生活的联系 ………………………… 73

第四节　物理学习方法论 …………………………………… 82

第五节　中国文化精粹 ……………………………………… 91

第六节　演讲与辩论 ………………………………………… 101

第七节　法制教育 …………………………………………… 106

第八节　中国古代老子思想史 ……………………………… 111

第一章 校本课程开发管理

第一节 校本课程开发的概念

"校本课程开发"这一术语是近年来我国课程研究者从西方教育文献中引进的新名词。它的英文表述是"school – based curriculum development"或"site – based curriculum development",缩写词为"SBCD"。

在英语教育文献中,与SBCDRR相近的词汇还有"学校聚焦的课程决策(school – focused curriculum decision – making)""学校中心的课程改革(school – centered curriculum reform)""学校课程改进(school curiculum improvement)"等。

1973年,在爱尔兰阿尔斯特大学召开的"校本课程开发"国际研讨会上,菲吕马克(Furumark,AM)和麦克米伦(Mc-Mullen)两位学者首先提出了"校本课程开发"的概念。这个概念一提出,便得到了广泛的响应,学者们从不同的侧面和视角对这一概念作出了许多不同的界定。

1985 年，在以色列召开了一次小型校本课程开发国际研讨会，会上学者们就"校本课程开发"这一概念的界定问题作了广泛的讨论，但最终也没有能够达成一个完全一致的定义。近年来，我国港台的一些学者及大陆的一些学者也作出了他们对校本课程开发的不同界定。其实，不同学者的不同界定往往反映的是校本课程开发的不同侧面。从各种课程文献中专家学者们所给出的不同的定义来看，对"校本课程开发"这一概念的界定大致有以下 5 个方面的视角。

1. 一种新的课程开发策略

美国课程论学者肖特（Short，E. C.，1983）构建了一个用以识别课程开发策回备的三维模型。第一个维度是课程开发的活动场所：外部机构，或是特定现场；第二个维度是课程开发所需要的专业人员：学者占主导，或课程专业工作者占主导，或内环境专家（如教师、学生、校长、家长等）占主导，或各方面人员的平衡协作；第三个维度是对课程实施所持有的观念：直接的实施，有限的改编，完全开放的改编。

根据肖特的这个模型，有些人则把"校本课程开发"界定为："在实际的教育场所中发生的并可望能够使教师们积极地参与并卷入到广泛的相互作用和课程决策之中的一种课程开发策略。"

2. 一种课程管理制度的变革

1979 年，经济合作发展组织在一份有关校本课程开发的专题报告中指出：学校也是多种互相依存的社会制度的一部分，社会制度间存在着权利和资源的分配，校本课程开发实际上就是要求教育制度内权利和资源的重新分配，强调的是学校和教师在课程开发中的重要地位。因此他们把"校本课程开发"界定为："基于学校课程需要的自发的行动，促使地方和中央教育当局之间的权利和责任重新分配；使得学校获得法律、行政和专业的自主权，进而得以从事自身的课程开发过程。"

作为课程变革的一种新的模式，许多学者指出，历史上的课程变革所遵循的一直是一种自上而下、中心—外围的集权模式，校本课程开发则要建立一种自下而上、遍地生根的"草根"模式。因此，他们把"校本课程开发"界定为："由学校共同体设计并实施的课程变革的草根模式。"

作为学校特色构建的一部分我国部分学者和实际教育工作者认为，校本课程开发与特色教育理论"不谋而合"。学校要真正地办出自己的特色，就不得不在课程开发上下功夫。校本课程开发实际上就是在构建学校自身的特色。

作为国家课程开发的一种补充，校本课程开发最初被提出的背景之一就体现出对国家课程开发的不满足。因此，有些课程学者和教育界人士倾向于从校本课程开发与国家课程开发的关系入手来界定校本课程开发。一般来说，有中央集权传统的国家往往把校本课程开发限定为国家课程开发框架内的具体科目的开发，校本课程开发被认为是国家课程开发的一种补充。例如，在具有中央集权传统的以色列就是把校本课程开发限定为学校中部分科目的开发。我国也有部分人士这样界定校本课程开发。

另外，还有的界定强调校本课程开发是一个研究的过程；有的则强调校本课程开发的成果；有的强调校本课程开发首先要重视学生的需求；有的则强调校本课程开发不能忽视社会需要。

第二节　校本课程开发的原则

校本课程的开发，一定要从学生的需求出发，从教育的实践出发，从客观的实际出发。校本课程的开发，要坚持以学生为本、以实践为本、以实际为本的"三原则"。

1. 以学生为本

校本课程的开发，要坚持"从学生中来，到学生中去"。课程开发之前，学校、教师应充分调查学生所需与所求，学生最希望知道的、但又普遍缺乏的知识，往往就是校本课程开发的最好素材。时下，中学生普遍有"交际困惑"，"网络迷茫"……以此为载体，学校可以组织开发《中学生交际》、《健康的网络，健康的自我》这类校本课程。只有切合学生需求的课程，才能得到学生足够的关心和重视，也才能起到真正的效果。这样，校本课程也成了很好的德育素材，成为培养学生正确人生观、世界观和价值观的有效载体。倘若不经调研，学校自行开发"唯师是从"的校本课程，很容易导致脱离学生实际，这样的课程，不仅不能承担起教育的功能，还可能引起学生的反感。

2. 以实践为本

理论性强和实践性差，是现行中小学课程面临的普遍问题，这多少影响到了学生的学习兴趣，大多数学生是处于"无趣"中学习的。校本课程，作为国家级课程的有益补充，如果也是这样一幅模样，效果可想而知。应该说，校本课程是最容易开发出新意的课程，因而在课程开发的过程中，一定会强调实践性。这让学生有足够实践的机会，学校通过组织学生参观、调研的方式，呈现给学生一种全新的学习方式，以《中学生的交际》这一校本课程为例，在开设这一课程中，完全可以通过创设交际情境，提供更多学生与学生之间、学生与教师之间、学生与社会之间交流的机会，让学生在交流中学会交际。校本课程的开发以实践为本，这体现在，教师在课程开发的过程中，要充分利用好实践性的课程资源，如校内的图书馆资源，校外的博物馆、工厂、社区等社会资源。让学生带着问题走进博物馆、工厂、社区去学习，在实践中学习，在学习中提升自己。

3. 以实际为本

不同的地域、不同的学校、不同的学生层次，注定了校本课程的开发不能一刀切，要符合当地的实际、本校的实际、学生的实际。找准这些实际，就是校本课程的最佳切入点。以盐城的一所学校为例，在历史上因产盐而得名，有深厚的盐文化，结合这一实际，学校开发了《海盐文化与盐城变迁》的校本课程，通过带领学生实地调查，寻找历史遗物，让学生更加真切地去感受家乡、认识家乡。在此过程中，学生也寻找了很多的资料，充实了课程的内容，这样，学生也成了校本课程的开发者。这所学校是一所县中，学生以农村中学生为主体，很多学生家境贫寒，心理很脆弱，他们唯一的安慰，就是学习成绩优秀，他们也很容易出现心理问题。结合这一实际，他们开发了《我的思想我做主》的校本课程，加强对学生的心理健康辅导，帮助他们塑造健康的心态、健全的人格。实践证明，这一系列的校本课程效果很好。

我们应当清醒地看到，校本课程的开发，仍处在十分艰难的境地，它没有现成的经验可循，只能靠学校、老师的摸索和实践。正因为有了学校、教师的不懈摸索和实践，校本课程的开发，才有了源源不断的动力。

第三节　校本课程开发的主体

教师是校本课程开发内在的，而且是起着决定性作用的要素。在教育过程的推进中，教师最能了解学生的知识、能力、兴趣等，并按学生的需要设计教育活动。而学生，也最容易认可和接受那些由教师制定的课程决策。在校本课程方案形成之前，教师要先了解本校学生的能力形成趋势，还要把握学生的个性发展状况和发展需要，挖掘本地区、本学校的优秀课程资源，收集整合相关资料，以此作为开发备用。课程方案出台后，实施课程方案的具体内容，实现确定的可行性目标，更是教师的职责所在。教师的这种位置和所发挥的作用，是参与校本课程开发的其他角色无法代替也无法企及的。所以，校本课程开发的主体应当是，也只能是学校的教师。

教师作为校本课程开发的主体，是校本课程资源开发的基本力量。在课程开发过程当中，教师还应注意以下一些问题：

1. 教师开发校本课程应以校为"本"

"校本课程"，顾名思义，应以"学校"为"本"，那么，在校本课程开发中，就应一切从实际出发，充分利用学校和本地区现有的优势资源。并考虑学生的真实需要和学校的办学特色，不然，所开发的校本课程就可能成为空中楼阁、海市蜃楼。教师也无法真正起到主体作用。

2. 教师开发校本课程应兼顾国家和地方课程

开发校本课程，归根结底是"为了每一个学生的发展"。但学生的全面发展不可能单单依靠校本课程。所以，开发利用校本课程资源，还应该统筹兼顾国家和地方课程，形成良好互补关系。而更重要的一点则在于我们应该实现国家课程、地方课程的"校本化"，也许这才是真正意义上的校本课程。

3. 教师开发校本课程应注意协调各方面的关系

如教师与校长、教师与学生、教师与家长、教师与社区、教师与课程专家以及教师与教师之间的关系。参与课程开发的教师应该清楚，所要开发的课程学校是不是支持，学生是不是喜欢，社会是不是认可，和其他教师的沟通合作能力如何，能不能得到他们的理解和帮助。这些关系，都需要教师好好协调。

4. 教师开发校本课程应考虑自身的特长

在开发校本课程时，每一个教师都应该根据自己的特点，发挥专长，做到人尽其才，最大限度地挖掘自己的潜能，形成自己与众不同的风格，具有自己的个性。其主体作用才能最大限度地得到发挥，开发的课程才能最大程度上获得成功。

第四节　校本课程开发的形式

校本课程的开发形式的分类知识为了学科上的清晰，不局限在某一门课程的开发，而是针对校本课程整体方案的开发。

在具体实践中，学校可适宜地选择一种或多种开发形式。

1. 课程选择

课程选择主要是指在备选的几种课程中选出一种最符合自己需要的作为校本课程。在校本课程开发刚起步时或课程开发能力比较缺乏的情况下，学校、教师经常采用这种适宜的方式。例如学校确定要开一门书法课，在既没有经验有又没有合适的教师的情况下，看看别的学校有没有可借鉴的或类似的课程，如有，就可以移植或选用，以后再逐步建设。

当然，课程选择至少需要满足两个条件，即教师要有选择的权力，同时还要有可供选择的课程。

2. 课程改编

课程改编主要是指学校、教师对已有的课程（自己的或别人的）进行修改，以形成一门适合自己的实际需要的课程。它也包括某些学校引进国外的课程进行翻译和本土化改造。

课程改编一般从设计 5 个方面的某一方面或几个方面的修订，即目标、内容选择与组织、实施方式、评价方式与课程资源的修订。

3．课程整合

课程整合主要是指按照某个重要的主题将两门及以上学科知识体系的知识或技能组织成一门新的课程。这样的课程可以弥补国家课程以分科为主课程的不足，同时可以校本课程引进最新的主题元素，如灾后心理辅导、汶川新城规划、奥运志愿者、太湖水污染治理等这样的主题，开发跨学科或超学科的校本课程。

4．课程补充

课程补充主要是指对原有课程（自己的或别人的）的不足而进行有针对性的补充，以形成一门新的校本课程。

课程补充可以是对国家课程的补充，如英语会话、作文写作指导等，也可以是对校本课程的补充；可以是矫正性的，也可以是补救性的。

5．课程拓展

课程拓展主要是指对原有课程（自己的或别人的）的优势而进行拓展，以形成一门新的校本课程。课程拓展可以是对国家课程的拓展，如数学思想、唐诗欣赏等，也可以是对校本课程的拓展，如国际象棋 I、国际象棋 II 等；可以使内容的广度拓宽，也可以是内容的深度加深。

6. 课程改编

课程改编主要是指按照课程需要的评估以及可得到的资源的分析，在学校教育哲学的关照下确定开发一门全新的校本课程。所谓新编，只是一个相对概念，只是相对个性化而言，越个性化的课程，就越能体现新编。许多学校的"特色课程"以及最具时代性的课程就属于此类，如校史教育、我与上海世博会、感动"5. 12"等。

第五节　校本课程开发的类型

1. 基于浓郁地域特色的校本课程开发

这一类型的校本课程开发，主要特点是学校在课程开发时，更多地关注学校外部的可用资源，利用地域特色来开展校本课程的开发。

这类课程开发的亮点就是浓郁的地域特色，体现了"人无我有"的境界。

学校注意挖掘区域课程资源，让地域文化与学校教育融合在一起。他们既是社会资源，又是教育资源；既是经济，又是文化；既囊括了区域文化特征，又渗入了学校文化底蕴。

2. 学校优势项目的校本课程开发

学校优势项目的校本课程开发，突出的是强化特色与优势课程。它有两个特点：

一是地域特色明显；

二是学校在某一方面有较深的积淀与优势，以此作为课程开发的基础。

这类校本课程开发有以下好处：

一是优势项目是学校的强项，在此基础上发展比较有把握；

二是发挥学校优势项目可以创建特色。

3. 基于学科拓展的校本课程开发

学科拓展性的校本课程开发，是一些学校对于国家颁发的标准或大纲的重新诠释，是结合本校学生的需要对标准、大纲、通用教材进行调整、重组和拓展、延伸。

这类校本课程开发有以下优势：

一是与学科课程有密切联系又不为学科课程所限制，可以为学生在学科学习领域中自主发展创造条件，更能为一些学有余力又喜欢某门学科的学生提供更深入学习的机会。

二是使更多的学科教师有用武之地。但在开发过程中要注意，防止把课程开发变成应试教育的借口，妨碍学生形成真正的学习兴趣。

4. 基于学校目标取向的校本课程开发

这是以学校发展特色为导向的综合性校本课程开发，根据学校的办学哲学和学生多样化的需要，提出一类整合性的开发思路。其特点是体系庞大，主线鲜明。

第六节　校本课程开发的内容与范围

一、校本课程开发的内容

校本课程开发的内容是校本课程开发的关键，它直接体现着校本课程开发的理念和目的。依据各个学校不同的教育哲学与资源条件，校本课程开发的内容表现出多样性和差异性。同时，由于校本课程开发是一个动态过程，它的内容相应地表现出开放性和拓展性。当前，大多数学校将校本课程分为必修课、活动课和选修课。但这三者是相互包容的，正如有的学者指出的："这三者的关系本来在理论上就是不符合逻辑的。"

1. 基础性课程

基础性课程是指授给学生可再生长的基本知识和可再发展的基本技能的课程。它和国家课程的范围大体一致。包括语文、数学、物理、化学、英语、政治、生物、体育、美术等。基础性课程由学科知识课程和学习策略课程构成。学科知识课程开发涉及两个方面：一是对课程内容的更新，采取的方式常是改编、新编或拓编。二是对课程结构的革新，包括学科知识分层建构，学科知识横向整合。例如南京师范大学附中将课程分为 3 个层次：C层次科目，国家教学大纲的最低要求。B 层次科目，参照国家必修与选修的综合要求，适当增加和补充内容。A层次科目，重新编写教学大纲，对原教材进行改编和新编。这种分层是将科目分层和内容难度分层结合起来，而使课程体现出难度梯级，使每一层级学生都能得到充分学习。上海大同中学的基础性课程开发突破传统分科课程，加强知识整合。它分为文科综合和理科综合：文科综合以人文精神为核心；理科综合以环境和可持续发展内容为核心。知识整合实现了对学生知识多方位的培养目标。学习课程分为通用学习策略和学科学习策略课程。通用学习策略课程包括选择性注意策略、记忆学习策略、组织学习策略、精加工学习策略、元认知学习策略等。这些策略适合任何课程和形式的学习，不与特定知识领域相联系；学科学习策略指与特定学科紧密结合，适应专门知识学习的策略，如应用题解题策略、朗读策略、英语学习策略、化学实验策略等。学科学习策略直接与学科联系，并具有"生成性"特点，应当成为学校基础性课程中开发的重要内容。

2. 丰富性课程

是指丰富学生生活、促进学生全面发展、提高学生综合素质和生活质量的课程，它包括健身、博知、怡情、励志、广行5类。健身课程主要是教给学生强身健体的方式，同时培养学生体育意识和保健观念。这类课程的开发要重视活动方式多样化，提倡活动参与大众化；博知课程主要是丰富学生知识，开阔学生视野的课程。如诗词鉴赏、名作欣赏、名胜古迹游考、网页信息浏览等。它的核心目的是要教给学生广泛获取知识的方法，如查阅图书、信息卡集成、图书馆阅读、电视或新闻品评等；怡情课程是指愉悦性情，丰富情感体验的课程。可分为两种：一种是艺术怡情，可通过音乐欣赏、美术欣赏、书法欣赏、舞蹈表演等课程来实现，另一种是休闲怡情，如摄影、垂钓、插花、集邮、拼盘、盆景、花卉等课程。该类课程可教给学生有意义的休闲和怡养性情的方式，培养高雅的生活情趣；励志课程是激发学生生活热情，增强学生意志力的课程；如成功人士案例分析、挫折调适、坚持性训练等磨砺性教育课程。当前，很多学校仍偏重智力，忽视意志力培养，致使多数学生心理脆弱、意志力差、社会适应困难。因此，开发励志课程已迫在眉睫；广行课程是指广泛适应社会生活和工作的操作性强的课程，它以培养学生具体的操作能力和实践能力为目的，如电子制作、网页制作、无线电维修、新闻采访、英语会话、实验操作等课程。

3. 发展性课程

发展性课程是指拓展学生能力、激发学生创造力的课程。它在基础性课程上提高要求，增加难度，以培养研究性、创造性人才为目的，重视学科的前沿性、学术性和学习的探究性。这类课程包括两方面内容：一是加深学科知识的深度，旨在拓宽学生学科知识和能力的课程，如学科知识竞赛辅导、上海大同中学开设的"知识论"等课程；二是着重培养学生的问题意识、创新意识、科学精神、创造能力的课程，如科技发明、学术小论文、创造技能培养、思维训练等。发展性课程以探究性学习和开放式学习为主。

二、校本课程开发的范围

1. 科学素养类课程

（1）优化整合，初步形成科技校本课程。作为学校，就必须有自己的办学特色。有专家说，中国课程改革取得成功的关键是解放每一所学校的主体性，而学校的主体性集中体现在选择并设置有关课程来创造和形成本校的特色。我们选择"有效整合社会与学校科学资源，开发校本课程，提高学生科学素质"作为我校实施素质教育的突破口，探索科技教育的方法和途径，无论是对于提高学生的科学素养，还是对于学校的特色建设，都有着极为重要的作用。

（2）组建网络式管理。实践证明，要保证科技校本课程开发的顺利运行，建立校本课程领导班子和组建一支课程开发教师队伍是关键。在学校外部需要和地方教育当局的主管领导、课程专家或学科专家保持密切联系。在学校内部，学科教师、主管主任、校长之间要形成课程研究与实践的共同体，并建立内部反馈和激励机制。队伍建设网络化：学校成立校本开发领导小组，组建一支高素质的师资队伍。只有领导的支持和重视，校本开发才有保障，工作才能正常有效地开展。课题研究网络化：课程开发管理从档案袋管理到网络管理，设立一个科技研究网站。档案一直被看作是保存资料的重要手段，实际上建立一套科学、规范、有序的档案材料，对形成校本课程有着独特的作用。

（3）确立校本化模式。科技校本课程开发是一个具有多因素的、复杂的、专业性较强的活动，它涉及各种与特定材料的选择、组织有关的课程计划、设计、编制等过程。在具体的运用过程中，校本课程开发决不只是笼统的课程研制权力分配那么简单，它涉及到许多变理之间的不同组合。如：对课程资源的积累、创造、改编或选择；课程研制人员，如个别教师、教师小组、全体教师以及教师、家长、学生联合体的组织；它可以是单个教师或教师团体创造课程资源，也可是改编或选择现有校内外资源；它既包括长期的、中期的、短期的课程研制计划，也包括具体的、单项课程资源的研制等等。但学校必须立足自身的人力资源、教育资源，确立自己学校独特的发展方向，体现自己独特的教育宗旨或教育哲学。

①资源筛选，形成特色。一般情况下，课程建设必须考虑社会、学生和知识3方面的课程来源，科技校本课程开发计划的制订也不例外。校本课程开发常常与地方或社区发展规划联系在一起，从各校内外科技教育资源出发寻找开发主题。学校以争创科技特色学校为契机，建立"社区青少年科学工作室"，充分利用这些资源，开展实践活动，为学生提供了研究实践的场所和空间。学生根据当地特色，依托校内实践基地，以科技小课题研究为主线，开展主题活动式校本课程开发研究，取得了一定的成果。

②先点后面，逐步推开。校本课程研究和开发对一所普通农村小学来说是一件新事物，困难重重。但要正确认识校本课程开

发的重要性，校本课程的开发，经历了从兴趣小组、活动课到校本课程的发展过程，领导小组人员分工负责，做好宣传，资料收集工作，使全体教师明确校本课程的含义以及它对学校发展、学生成长的意义。

③科研引路，成效明显。抓住科研兴校战略，积极申报课题研究。利用本校特色，参与省、市教育科研课题的研究。形成"生成主题—实践探索—成果展示—拓展延伸"科学教育资源的开发与研究流程。如申报了省级校本课题《有效整合社区与学校科学资源，提高学生科学素质的研究》，申报市级"十二五"第一批立项课题《发挥社区青少年科学工作室优势，加强学校德育工作的研究》。

（2）发挥优势，有效培养学生科学素养。挖掘校本课程资源，关注课程的实施，发挥优势，突出开展实践探究活动，从传统上只重视知识技能的掌握转移到以培养学生的科学素养上来，给学生提供充分的科学实践机会，让学生通过手脑并用的探究实践活动和科技教育活动，发展科学探究所需要的能力，推进科学素养的培养

①以校本课程为依托、普及电子制作知识，培养科学精神。在学生中开展科技教育活动，学习科技知识，其作用不只在于知识本身，更重要的是营造一种科技教育氛围。可以课堂为主阵地，以校本教材为依托，构建出具有学校特色的课堂教学新思路：教学过程个性化，打破传统教学模式，实现教学思路和形式的创新；发挥校本教材"多元化"功能，立足教材，增加自主性

学习内容；强化自主、强化合作，注重激活思维，培养学生探究性学习能力。改变了强调接受学习，机械训练的状态，展现出学生主动参与、乐于探究、全面发展的良好态势。

②以课程研发为契机，开展科技实践活动，培养科学兴趣。兴趣是人积极探究事物的认识倾向。稳定的兴趣能使认识过程的整个心理活动积极化，能使观察更加敏锐，想象更加丰富，使智力活动的效能大大提高。校本课程的研发过程与课题研究经历使我们感到，对于小学生的科学素养教育和培养，最重要的是要培养他们对科学技术的兴趣。如果将学生的兴趣培养放在首位，经过一段时间的努力，肯定能促进其自主学习、动手实践能力的大大提高，从而较迅速地提高他们的科学素养，达到科学素养教育的初衷。而课外兴趣小组是学生科学素养教育的重要组织形式，为了能够让学生有更多的时间和空间开展科学探究活动，给有不同爱好的学生提供展示自己才能的机会，可以校本课程研发为起点，在普及电子制作的基础上成立各种科技与综合实践活动兴趣小组，结合校内外实际，开发科学素养教育资源，如成立"环保达人"兴趣小组，开展"空调水的回收与利用"、"蚊子是被熏死还是熏晕的"、"珍爱生命之水"等调查实践活动，调动学生探究科学积极性，激发了学生学习科技的兴趣，培养他们热爱科学的情感和崇尚科学的精神。

③以科技教育为重点，培养学生观察事物和运用知识的能力。校本课程的一个显著特点就是体现学校的特色。某校在2009年成立"社区青少年科学工作室"，成为该校坚持常年科技实践

的基地，重点培养学生的各项能力。在这个进程中逐步掌握电脑机器人、电子制作等一般知识、技能，通过学习与制作，培养了学生热爱科技、勇于探索的精神。

④以科技电子制作为核心，培养学生的动手操作能力。学好科学的途径很多，但最好的方式应该是让学生亲身体验，亲手实践。除了拓展学生课外科技兴趣活动的范围，让更多的学生有机会参与其中，组织各种社会实践活动，让学生接触生活实际以外。努力营造一种能让学生实践操作的科学素养教育环境，添置必要的设备、学具，结合校本课程建设规划，积极研究和开发实验性的校本科学教育拓展课程。在该校中最成功，并最受学生欢迎的是机器人制作校本拓展课程。在机器人拓展课程中，学生不是通过科普讲座、参观学习和网络浏览的方式去学习和了解机器人，而是让学生在电脑机器人制作过程中，展开丰富的想象，充分体验科学探索过程中的艰难与创新的不易，在连贯的课程性学习中亲自动手去摸、去玩、去搭建、去操控机器人。并在这种科学实践活动中学习体验做科学，从中学习机器人的基础知识，了解机器人的工作原理，初步学会机器人控制程序的编制与调试。通过这种连贯的做中学方式，学生体验了科学研究和技术实现的基本过程，得到了工程意识和系统思想的初步培养，提高动手能力，促进电子制作、电脑机器人等科技教育的深入开展，使普及与提高相结合，从而收到了许多彼此孤立的科学素养教育活动所难以起到的教育作用。

总之，科技校本课程的开发，是当前教育改革与发展的需要，是提高科学教育水平的重要途径，能优化、集中科学素养教育资源，促进科学素养的逐步形成与发展，我们相信，只要我们群策群力发扬科学精神，端正科学态度，进行科学操作，在实践中不断探索，在探索中进行实践，不断总结成败得失，吸取教训，科技校本课程的开发一定能取得持续成功，从而提高学生的科学素养，拓展学校的科学教育。

2. 人文素养课程

选题的意义：本选题试图从理论上把握本校校本课程开发的程序、方法、途径、策略等，让教师真正了解校本课程开发的意义，让学校课程更加适合学校的发展、学生的发展和时代的发展，使学校教育更好地贯彻落实国家的教育方针，突出特色，培养特长，更有效地促进学校教育的可持续发展，更有效地促进学生个体和社会的持续健康发展。

视角：课程是一个学校特色的基础和保障，所以要形成学校特色就必须首先关注课程的差异性。校本课程开发则主要关注差异性，并通过校本课程来达成学校的特色。某校经过百年的发展，在科技教育，写字教学，乡土文化等方面形成了鲜明的特色。本课题试图以学生的需求为导向，与其他学科进行整合，开发体现学校的传统与优势、突出地方特色的仓山历史文化等的校本课程。

研究方法：本课题的研究需要多种教育科研方法的综合运用，如观察、访谈、调查、总结、分析—综合、比较、预测等等。研究者根据研究对象的实际变化以及研究的进展等情况，可以灵活地选择和确定研究方法。

（1）行动研究法：在专家及校教务处的指导下，于真实的教研学习活动环境中，边行动边研究，在行动中收集资料、分析、研究问题，并且依据研究、行动的实际情况适当调整研究方案，完善行动，在研究与行动的协调变化中，实现问题的解决。

（2）创造性研究法：立足于已有的知识、经验，解决当前已经发生的问题，并发现、吸收新信息，提出新问题。

（3）合作研究法：本项目的研究要实现不同学科、不同专长的研究者之间的合作，同时创设轻松、信任、合作的气氛帮助教师看到自己的问题所在。

（4）开放式的研究，而不是封闭性的研究。

3．艺术教育类课程

为全面贯彻教育方针，全面实施素质教育，促进中小学生健康成长，可进一步加强中小学校（含高中和中等职业学校）艺术教育。

（1）进一步提高认识，把艺术教育摆上应有的位置

①艺术教育对于提高学生审美修养、丰富精神世界、发展形象思维、激发创新意识，促进青少年健康成长具有重要的作用。加强中小学校艺术教育是全面贯彻教育方针、全面实施素质教育的必然要求。地方各级教育行政部门和中小学校要进一步提高对学校艺术教育的重要性认识，切实把艺术教育摆在学校教育应有的位置上。

②中小学校艺术教育要以全面提高教育教学质量为中心，以

农村学校为重点，实现区域内的均衡发展。要坚持教育公平的原则，让每个学生都成为艺术教育的受益者。要坚持正确的育人导向，把社会主义核心价值体系融入到生动丰富的艺术教育活动之中，使之内化为学生的自觉精神追求，帮助学生形成正确的价值观和审美观；要通过艺术教育让学生接受中华民族和世界各民族优秀文化艺术的滋养，培养深厚的民族情感，为建设中华民族共有精神家园奠定基础。

（2）严格执行课程计划，提高艺术教育教学质量

①开齐开足艺术课程，是保证艺术教育质量的前提。根据《义务教育课程设置实验方案》，九年义务教育阶段艺术类课程占总课时的9%～11%（总课时数为857～1047课时），各省级教育行政部门在制订本地区课程实施计划时，应按照上述规定设置艺术类课程，课时总量不得低于国家课程方案规定的下限。条件较好的学校按九年义务教育阶段艺术类课程占总课时的11%开设艺术类课程，其他学校开设艺术类课程不低于总课时的9%；其中，初中阶段艺术类课程开课不低于艺术课程总课时数的20%。普通高中按《普通高中课程方案（实验）》的规定，保证艺术类必修课程的6个学分（相当于108课时）。非艺术类中等职业学校艺术类必修课程不少于72课时。有条件的地区和学校要开设丰富的艺术类选修课供学生选择性学习。

②中小学校艺术类课程应执行国家发布的课程标准，选用国家审定通过的有关教材，并加强教学质量检测。要积极探索艺术课程评价改革，并将评价结果记录在学生成长档案中，作为综合

评价学生发展状况的重要内容以及学生毕业和升学的参考依据。

③要加强艺术教育教研、科研工作。省、市（地）和县（区）要充分依靠本地区教研、科研机构，多渠道配备音乐、美术学科专（兼）职教研员。各地要以条件较好的学校为依托，建立艺术教研基地，定期组织艺术教研活动。

（3）开展课外艺术活动，营造良好校园文化艺术环境

①开展课外艺术活动要因地制宜，讲究实效。要大力开展小型、灵活、多样的艺术活动，民族地区的学校要积极开展具有少数民族特色的课外艺术活动。省、市、县各级教育行政部门要积极创造条件，定期举办中小学生艺术节，学校应每年举办一届形式多样的校园艺术节。

②要加强对艺术活动的管理。任何部门和学校不得组织学生参与商业性艺术活动或商业性庆典活动，不得组织学生参加企业、媒体或其他社会团体举办的有收费营利行为的艺术竞赛等活动。学校不得组织学生参加社会艺术水平考级活动，社会艺术水平考级的等级不得作为学生奖励或升学的依据。

③组织群体性艺术活动，要明确安全管理工作的职能部门和责任人，建立安全责任制度，制订应对突发事件的处置预案，切实加强安全管理，确保中小学生人身安全。校园内不得出现有悖于素质教育、不利于青少年儿童健康成长的文化现象。

（4）加强队伍建设，提高艺术教育师资水平

①各地要根据国家课程方案规定配备艺术教师。城市和有条件的县、镇（乡）学校要以专职艺术教师为主，农村学校可以

专、兼职教师相结合，镇（乡）中心小学以上的学校至少要配备音乐、美术专职教师各一名；普通高中和中等职业学校应按规定课时及教学需要配备专职艺术教师。

兼职艺术教师由具有一定艺术基础或艺术特长的其他学科教师兼任，要逐步实行兼职艺术教师培训上岗制度，兼职艺术教师队伍要保持相对稳定。

②各地要建立激励机制，制定相关政策，支持、鼓励城镇学校艺术教师、中青年艺术教师和骨干艺术教师到农村学校任教。可采取"走教"、"支教"、"巡回教学"、"流动授课"、"定点联系"、"对口辅导"等多种形式，解决农村学校艺术教师短缺、教学质量不高的问题。

③各地要针对本地区艺术教师缺额情况，发挥和依托普通高校，特别是师范院校以及教师进修院校等教育机构的资源优势，为本地培养合格的中小学校艺术教师。

要以提高农村艺术教师质量为重点，把艺术教师培训纳入本地教育事业发展规划和教师培训工作计划，有计划、有步骤地开展艺术教师全员培训，不断提高培训质量。

艺术教师应和其他学科教师享受同等待遇，艺术教师组织、辅导课外活动应合理计入工作量。

（5）优化资源配置，改善艺术教育教学条件

①各地要在办学经费中保障用于改善艺术教育设备设施、添置和更新消耗性器材、举办校园艺术活动等经费。要按照相关规定，检查本地本校的艺术教育设施、设备、器材的达标情况，及

时查漏补缺，添补有关器材设备，并结合校舍改造、扩建工程等项目，积极创造条件配置音乐/美术专用教室。

学校要管好、用好艺术专用教室和有关器材，提高使用效益。县级教育行政部门要在当地政府的规划、协调下，把艺术教育纳入推进义务教育均衡发展的有关项目之中，切实改善艺术教育教学条件。

②各地要充分利用现代信息技术手段缓解中小学校，特别是农村学校艺术教育资源的不足。学校要根据课堂教学和课外活动的需要，提供便利条件，支持、鼓励、辅导艺术教师用好教学光盘等多媒体设备，用好农村远程教育网资源，并根据本地实际，不断丰富网络艺术教育资源。

③各地要依托社会文化场所免费或优惠开放的相关政策，充分开发利用地方和社区的艺术教育资源，丰富学校艺术教育的内容和形式。鼓励、支持开发具有本地特色的艺术教育资源。

（6）加强管理，完善艺术教育保障机制

①各地要加强对学校艺术教育的管理，完善艺术教育保障机制。各级教育行政管理部门要有管理艺术教育的相关职能部门和人员。教育行政部门和教研部门之间要相互协调、配合，建立科学、有序、高效的管理机制。要充分发挥各级艺术教育委员会、教育学会所属艺术学科专业委员会等社团机构的人才资源优势，提高艺术教育水平。

②要进一步加强艺术教育的督导工作。各级教育督导机构要将艺术教育列为教育督导的重要内容，通过各种形式的督导，督

促地方政府、教育行政部门和学校全面贯彻教育方针，自觉推进美育和艺术教育，全面实施素质教育。

4. 学习生活技能类课程（尤其是针对智障学生）

陶行知先生认为"生活即教育，社会即学校"。由智力学校学生组成结构以中重度学生为主体，他们的社会生活能力普遍缺乏，家长们迫切希望提高学生的生活自理能力，社会的需求就是我们课题研究的宗旨。在本课题中，结合智障学生的特点，我们将其界定为：智障学生为独立生活进而融入社会而每天必须反复进行的、最基本的、具有共同性的身体动作群和职业技能，即进行衣、食、住、行、个人卫生等的基本动作技巧和简单的职业劳动能力。主要包括以下几个方面：自理能力、基本劳动能力、职业劳动能力。

（1）校本课程：校本课程是由某一类学校或某一级学校的个别教师、部分教师或全体教师根据国家制定的教育目的，在分析本校外环境和内环境的基础上，针对本校、本年级或本班级特定的学生群体，编制、实施和评价的课程。

华东师范大学教育学博士郑金洲在《走向校本》中这样解释：所谓校本，一是为了学校，二是在学校中，三是基于学校。为了学校，是指要以改进学校实践、解决学校所面临的问题为指向；在学校中，是指要树立这样一种观念，即学校自身的问题，要由学校中的人来解决，要经过学校校长、教师的共同探讨、分析来解决，所形成的解决问题的诸种方案要在学校中加以有效实施。

（2）研究目标

①开发与建设生活技能校本课程，形成以生活技能为主题的校本课程实施纲要和课程材料体系。

②建构适应生活技能训练的新环境，形成生活技能校本课程实施策略。

③通过开展生活技能校本课程的实践研究，使所有的智障学生得到最适合他们的教育，在原有的基础上得到最大可能的发展。

④学校本着"科研兴教，科研兴校"的精神，从全局出发，扎实开展生活技能校本课程研究，形成学校特色。

（3）研究内容：

①开展基础调查研究，进行现状分析和经验研究等前期研究：

第一，基础调查研究：采用各种研究方法，深度思考，了解学生、家长、社会的需求。

第二，现状分析研究：收集本校学生的智力、能力等方面的信息，综合分析，获得全面科学的学生现状资料。

第三，经验研究：从各种渠道收集和生活技能相关的信息资料，进行经验总结，提取有价值的经验，同时总结学校长期以来进行生活技能尝试性研究的先进经验，为课题的深入进行作好充分的前期研究。

5. 文化活动与专题教育类课程

（1）传统文化课程实施具体情况

①严格规范课程实施。严格按照省级义务教育地方课程和学

校课程设置指导意见要求开设地方课程和校本课程。将《传统文化》纳入地方课程管理。配足《传统文化》课程专（兼）职教师，各学校可建立相应的考核机制，鼓励教师从事《传统文化》教学，积极开展教学改革和教学研究。每学期初，要求各校制定《传统文化》课程实施计划，各任课教师制定《传统文化》教学计划。确保将传统文化内容纳入学校课程，充分体现科学性、先进性。要求任课教师进行书面备课，使得教师上课有本可依。

②依托活动弘扬传统文化。为弘扬传统文化，培育民族精神，让传统文化深入人心，各校依托教本，开展了丰富多彩的活动。通过班会、校会、升国旗，利用重大节日开展各种主题活动，对学生进行爱国、安全、道德法制等活动，学校充分利用文体比赛和兴趣小组开展内容丰富、形式多样的活动，学生参与率和积极性高，有效地落实传统文化的教育目标。通过传统文化手抄报评比、传统文化文艺汇演等活动，使学生熟悉课程内容，中心小学还可将传统文化内容制作成了文化树、文化墙，让学生在玩耍中，潜移默化地受到熏陶，得到启迪。同时，各校还积极响应上级文件精神，组织师生通过论文撰写、课堂实践等形式作为检查学习效果的主要方式。

（2）开展专题教育内容

①规定背诵内容。为更好地开展经典诵读活动，方便学生逐级背诵，学校可挑选《弟子规》、《三字经》、《千字文》、《孝经》、《论语》中的部分内容进行级别划分，并要求一至六年级的学生逐级背诵。

②扎实开展活动。为将专题教育活动开展得扎实有效，要求各校利用班级宣传栏进行读书心得和手抄报展示。同时组织了"六一"节和元旦蓓蕾读书成果文艺汇演。并将各校蓓蕾读书成果纳入到学校量化评估中去。

③积极探索地方课程的评价。各学校制定相应的经典诵读评价方法和标准，为每个学生建立评价档案，评价结果都以等级形式表达。以激励性评价为核心，注意保护学生的自尊心和自信心，发挥评价促进学生的发展的功能。

（3）课程实施存在的问题

①从师资上来看，虽然保证了传统文化课程的开设，但部分学校仍然重视不够，由于是兼职教师，课程有漏上现象，开课质量有待于提高。

②《传统文化》课程的开设虽然进行了积极探索，但是，总体上来说还比较薄弱，个别学校的个别领导和教师认识不到位，出现不备课上课的现象。急需进一步加强该课程的研究，使其更具有可操作性。

③专题教育活动内容太多，对诵读的内容研究不深，分析不透，甄别不够，致使一些带有糟粕性的内容流入学校，扭曲了学生的价值观念，腐蚀了小学生的心灵。

（4）整改措施

一是进一步规范教学行为，深入实践新课程理念，提高课程实施水平。针对《传统文化》课时开不足现象，下一步将不定时的开展课程实施情况调研，督促各校开足课时。

二是针对教师认识不到位，不备课上课的现象进行谈话教育。要求其认真备课、上课。加强该课程的研究，使其更具有可操作性。

三是对专题教育活动内容进行精心挑选，将那些体现中华优秀文化、体现以爱国主义为核心的伟大民族精神、体现争取理想信念和民族自尊自信、体现良好道德品质和文明行为的文化典籍推荐给学生。

6. 综合实践类课程

综合实践活动课程是指在教师的指导下，由学生自主进行的综合性学习活动，基于学生经验，密切联系学生的生活和社会实际，体现对知识综合应用的学习活动。

（1）综合实践类是一种经验性课程。综合实践活动课程超越具有严密的知识体系和技能体系的学科界限，是一门强调以学生的经验、社会实际和社会需要和问题为核心，以主题的形式对课程资源进行整合的课程，以有效地培养和发展学生解决问题的能力、探究精神和综合实践能力为目的的课程。

（2）综合实践类是一种实践性课程。综实践活动课程尤其注重学生多样化的实践性学习方式，转变学生那种单一的以知识传授为基本方式、以知识结果的获得为直接目的的学习活动，强调多样化的实践性学习，如探究、调查、访问、考察、操作、服务、劳动实践和技术实践等。因而，综合实践活动课程比其他任何课程都更强调学生对实际的活动过程的亲历和体验。

学生是通过动手操作实践的方式来获得经历和体验的。动手实践，是综合实践的基本学习方式。

（3）综合实践类课程向学生生活领域延伸。综合实践活动课程强调超越教材、课堂和学校的局限，在活动时空上向自然环境、学生的生活领域和社会活动领域延伸，密切学生与自然、与社会、与生活的联系。

"尽信书，不如无书"——一个人的知识、能力都是有限的，特别是在这种信息技术迅猛发展的社会。查询、处理、运用信息的能力尤为重要。通过查找资料和学生的实践，掌握了一定的方法，并学会如何鉴别信息，灵活运用信息的能力。学习书本知识的目的是什么是为了解决生活中的实际问题。解决生活，必然要跳出书本狭隘的圈子，从生活、自然以及社会交往中去学习。关于"尽信书"的感悟，便是在拓展了的学习领域和实践中得出来的。

（4）综合实践类课程是三级管理的课程。综合实践活动课程集中体现了新的课程管理和发展制度。在新一轮基础教育课程改革中，综合实践活动课程是由国家统一制定课程标准和指导纲要，地方教育管理部门根据地方差异加以指导，学校根据相应的课程资源，进行校本开发和实施。"国家规定—地方指导—校本开发与实施"，这是综合实践活动课程"三级课程管理制度"的特征表现。

具体说来，综合实践活动课程的目标就是通过研究性学习、社会实践与社区服务等活动，培养学生独立的、持续探究的兴趣；使学生获得丰富的参与研究、社会实践与社区服务的体验；

进一步提高学生发现问题、提出问题和分析问题的能力；使学生掌握基本的实践与服务技能；培养学生分享、尊重与合作的精神；使学生养成实事求是的科学态度；培养学生的服务意识与奉献精神、社会责任心与使命感。其中，研究性学习的目标是引导学生学会发现问题、提出问题，增强问题意识，初步学习分析与解决问题的科学方法；提高分析与解决问题的能力，发展创新精神；引导学生在探究学习过程中，学会交流与合作，发展合作能力，并初步养成科学态度与科学道德。

社区服务与社会实践的目标是：走进社区，理解社会，获得直接经验，形成对社会的正确认识；参与社区活动，践行社会服务，适应社会生活，提高社会实践能力；培养社会服务意识，增强公民社会责任感，形成积极进取的生活态度。

综合实践活动作为国家课程，不是其他学科课程的辅助或附庸，而是高度综合且具有独特的教育功能和教育价值的、独立的课程，它与其他课程具有等价性与互补性。它通过联系社会实际，为学生提供多渠道获取知识，并将所学到的知识在实践中加以综合应用的机会；它让学生通过亲身的体验，探索自然、亲近社会、发展自我，用探究的眼光和方法进行学习，从而改变单纯以接受教师传授知识为主的学习方式，并在这一过程中促进学生们形成积极的学习态度和良好的学习策略，积累和丰富他们的直接经验；它让学生有更多的机会把学校环境中的学习与社会、家庭环境中的学习结合起来，培养他们的创新精神和实践能力，形成良好的社会责任感和使命感，促进健康积极个性品质的形成及良好素质的全面发展。所以，综合实践活动是一门实践性、经验性、综合性课程。

活动课程特性

①实践性。综合实践活动课程以活动为主要开展形式，以实践学习为主要特征。通过引导学生亲身经历各种实践的学习方式，积极参与各项社会实践活动，在调查、考察、实验、探究、设计、操作、制作、服务等一系列活动中发现和解决问题，积累和丰富经验，自主获取知识，发展实践能力和创新能力，引导学生在实践中学习，在实践中发展。

②开放性。综合实践活动课程超越了封闭的学科知识体系和单一课堂教学的时空局限，面向学生的整个生活世界，其课程目标和内容具有开放性；综合实践活动强调富有个性的学习活动过程；关注学生在这一过程中获得的丰富多彩的学习体验和个性化的表现，其学习活动方式与活动过程、评价与结果均具有开放性。

③自主性。综合实践活动课程尊重学生的兴趣、爱好，注重发挥学生的自主性。学生是综合实践活动的主体，它客观要求学生主动参与实践性学习的全过程，在教师的有效指导下自主学习、自主实践、自主反思。指导教师对学生实践学习的全过程进行有针对性的指导，不包揽学生的活动。

④生成性。综合实践活动课程注重发挥在活动过程中自主建构和动态生成的作用，处理好课程的预设性与生成性之间的关系。一般来说，学生的活动主题、探究的课题或活动项目产生于

对生活中现象的观察、问题的分析，随着实践活动的不断展开，学生的认识和体验不断丰富和深化，新的活动目标和活动主题将不断生成，综合实践活动的课程形态随之不断完善。

⑤综合性。综合性是由综合实践活动中学生所面对的完整的生活世界所决定的。学生的生活世界是由个人、社会、自然等彼此交织的基本要素所构成。学生认识和处理自己与自然、社会、自我的关系的过程，也就是促进自身发展的活动过程。因而，学生个性发展不是多门学科知识的杂烩，而是通过对知识的综合运用而不断探究世界与自我的结果。综合实践活动的综合性，要求课程的设计和实施要尊重学生在生活世界中的各种关系及其处理这些关系的已有经验，运用已有知识，通过实践活动来展开。从内容上来说，综合实践活动的主题范围包括了学生与自然、与社会生活、与自我关系等基本问题。无论什么主题，其设计和实施都必须体现个人、社会、自然的内在整合。

课程内容

普通高中综合实践活动课程包括研究性学习、社区服务和社会实践 3 部分内容。这 3 部分有着共同的课程目标和任务，但又各有不同的内容和要求。

①研究性学习。研究性学习是指学生基于自身兴趣，在教师指导下，从自然、社会和学生自身生活中选择和确定研究专题，主动地获取知识、应用知识、解决问题的学习活动。研究性学习强调学生通过实践，增强探究和创新意识，学习科学研究的方法，发展综合运用知识的能力。学生通过研究性学习活动，形成

一种积极的、生动的、自主合作探究的学习方式。研究性学习主要分为课题研究和项目设计两大类。课题研究是以认识和解决某一问题为主要目的，有调查、实验和文献研究等方式；项目设计是以解决一个比较复杂的操作问题为主要目的，包括社会性活动设计、科技项目设计等。

研究性学习的内容，既可以由学生自行确定主题或项目，也可以由教师提供选题或项目建议；要结合学生已有的知识基础和生活经验，重视与社会生活实际的联系，引导他们从自然、社会、自我等方面提出感兴趣的问题，进行探究。可以把科技小发明、小制作纳入研究性学习的范围；要注重与现代科学发展的联系，让学生了解一些当代科技发展的最新成就，启迪思维，激发探究热情；要加强与学科课程的联系，再学科知识的拓展和应用中生成研究性学习的内容，引导学生有效地应用各科知识。

研究性学习作为综合实践活动的重要组成部分，要引导学生经历提出问题、确定主题、制定方案等过程，学习调查研究、实验研究、观察研究、文献研究等科学方法的基本规范和操作要领，养成探究习惯，形成科学的态度和初步的创新精神。可参阅《普通高中研究性学习指南》进行整体规划与实施。

②社会实践与社区服务。社会实践与社区服务是指学生在教师的指导下，参与社区和社会实践活动，以获得直接经验、发展实践能力、培养社会服务意识、增强公民责任感为主旨的学习领域。

社会实践与社区服务的内容主要包括以社会调查和考察为主

的社会体验性活动、以社会参与为主的实践性活动、以社区服务为主的公益性活动等。其中社会实践还包括学校传统活动如军训、社会生产劳动、参观、社会公益活动等内容；社区服务包括拥军优属、敬老服务、帮贫扶困、环境保护、主题宣传、科普活动、定向服务以及维持交通秩序、支援农忙、扫盲辅导等其他志愿活动。社会实践与社区服务的重点在于通过尽可能多地为学生提供体验和实践的机会，促使他们关心和了解社会，培养他们认识社会、探究社会问题的能力；培养他们的公民意识、参与意识、服务社会的意识、社会责任感和主人翁精神；培养他们善于沟通、乐于合作以及适应环境的能力；促使他们形成关心他人、诚恳助人、乐于奉献的积极态度和情感，养成综合思考问题的习惯和能力；使他们深入了解社会生活和社会环境，增长从事社会活动所需的知识，增强适应现代社会生活的能力。

　　研究性学习、社区服务、社会实践总的目标是一致的，属于同一个课程领域，但各自的具体目标、内容、实施时间及组织方式等又不尽相同，因此，不能相互替代。学校在具体实施时必须严格按照《普通高中课程方案（实验）》规定设置课程，按照规定的学分开足研究性学习、社区服务、社会实践的课时。学校可根据自身的条件和传统以及当地课程资源情况对3个方面进行整合与规划，还可以有效地整合班团队活动、校传统活动（科技节、体育节、艺术节等）、学生的心理健康教育、环境教育、科技教育、"绿色证书教育"等内容，构成丰富多彩、形式多样的活动内容，开发出个性化的综合实践活动课程。

实施建议

综合实践活动的实施，应该引导学生在实践中学习，在生活中实践。倡导学生的主动学习、乐于探究、勤于动手，引导学生经历多样化实践学习活动的过程，经历问题探究、问题解决的基本方法和过程。

综合实践活动的实施要切实转变单一的学习方式，引导学生开展调查研究与访问、实验研究与观察、社会参与与服务、信息收集与处理等多种实践学习活动，体现学习方式的多样性，初步学会实践学习的方法。可以主要采取三大类实践学习活动：一是以研究为主的方法和过程，包括制定方案、调查、访问、观察、实验、统计、信息收集与处理等。二是以社会实践和社区服务活动为主的方法和过程，包括参观、考察、服务、宣传、义务劳动、经济活动等。三是以项目设计和技术实践为主的方法和过程，包括项目立项与研究、设计、制作、研制、种植、养殖、信息发布，以及科技小发明、小制作等技术实践，鼓励学生大胆创新。这三类实践学习活动可以相对独立，更多地是相互融合，相互贯通。实施中要统筹规划，综合管理。

7. 课程内容的开发和利用

综合实践活动不像学科课程那样有学科课程标准、有系统性教材。所以，需要在学校统筹规划下，由教师和学生一起确定课程内容。河北省教育科学研究所根据《综合实践活动指导纲要》组织编写的《综合实践与创新活动》（河北人民出版社出版）学生用书围绕人与自然，人与社会，人与自我 3 条线索，综合地设计 3 类实践学习活动，可以作为课程实施的资源与指导。

①研究性学习内容的确定。高中阶段每个学生每学期至少完整地经历一个活动主题（课题或项目）的全部研究过程，有比较详细的活动过程记录、活动报告等结果性文本。学校要根据自身的传统优势和校内外教育资源，形成有特色的研究性学习内容，同时要为学生自主选择研究课题或项目留有足够的余地。研究内容要以学生生活、成长中的实际问题和学生关心的自然、社会问题为主。研究性学习课程内容主要包括：

研究性学习的程序性内容。研究性学习的程序性内容是指学生开展研究性学习的过程和方法。

课程的准备。学校可通过讲座、课堂教学、网站、板报等多种形式，对师生进行动员，组织研究性学习的通识培训，并对学生进行安全、礼仪、法制等方面的教育。

课题的开发。研究课题的开发要面向学生所能接触、感知、了解到的整个生活世界，包括学生本人、社会生活和自然世界中具有研究价值和可操作性的问题。学校要组织学生和教师进行调查、讨论，梳理学校、家庭和社会的课程资源，规划设计学校课题研究的整体框架和思路，使教师、学生对所要研究的问题或项目形成初步的认识和把握。

活动的落实。指导教师通过有效方式和手段组织学生选择和确定研究课题并组成研究性学习小组，设计研究方案，组织开题论证、调查研究、交流反思、总结汇报、展示评价及学分认定等活动。

研究性学习涉及范围

研究性学习涉及范围十分广泛，一般依据以下 3 条线索来划分。

学生与自我的关系。主要涉及学生自身发展及相关问题的研究。如中学生生理与心理问题研究，中学生行为方式与交往方式的研究、学生群体与关系研究、学生消费研究、学校制度与学生成长研究、班级制度与文化研究、社会适应及职业生涯研究等。

学生与自然的关系。主要是与自然界的状态、特性和性质有关的问题。如环境保护、生态建设、能源利用、农作物改良、动植物保护、天文地理、水文气象等研究。

学生与他人和社会的关系。主要是与人类社会自身的生存状态、发展趋势及发展规律有关的问题。如社会关系研究、企业发展研究、社区管理、人群心理、人口与计划生育、城市规划、交通建设、法制建设、政治制度、社会经济发展、宗教历史、贸易与市场、乡土文化与民俗文化、历史遗迹、名人思想与文化、传统道德与建设、传统文化与现代文明、东西方文化比较、民间文学与艺术、影视文化、大众传媒等研究。

此外，职业生涯规划是关系学生理想及未来选择的问题，涉及到学生与社会、他人和自我的关系，特别是在当前这种国际国内形势的大背景下，应该作为课程的重点内容之一。

研究性学习选题原则

可行性。要根据学生自身已有知识经验、认识水平以及学校和社区条件确定研究题目。不要选择那些条件很难达到、活动难以开展的问题。但是如果学生坚持选择，可以尊重、理解和支持，不要强行制止。

自主性。研究性学习课题的确定要充分尊重学生的兴趣和爱好，给学生提供足够的自主探索空间，不要把指导教师的意见强行加给学生。

生活性。研究性学习的开展，要以学生身处其中的生活环境为基础，密切与生活的联系，引导他们关注生活中的事物，解决生活当中的问题，促进学校教育与社会的融合。

实践性。强调让学生在亲身体验中学习，有更多的机会动手、操作，在实践中获得积极的情感体验，形成对于自然、社会、人生的健康态度和价值观，形成乐于动手、勤于实践的独立个性。

综合性。一般情况下，一个课题的研究内容会涉及多个领域和学科，它可能是以某学科为主的，也可能是多学科综合、交叉的；可能偏重于社会实践方面，也可能偏重于理论研究方面。无论是自我问题、自然问题还是社会问题，在一个课题的研究中都应对自我、自然、社会进行整体关注，从而实现学习过程的整合，体现综合实践活动课程在整个课题结构中的内在价值。

开放性。学生的研究性学习不同于严格意义上的科学研究。当学生选择了一个研究课题以后，采用什么样的研究视角、研究目标、研究的切入口、研究过程、研究方法、研究手段、研究的结果如何呈现等，应该有较大的弹性。同时，在课题研究的过程中，还可以不断地生成新的问题，如果他们认为有必要，可以修改和调整所要研究的问题。此外，学生可以依据问题的生成在高中三年进行系列的拓展。

8. 各校可根据自身特点选择开发内容与范围

新课程改革的一个显著变化就是极大地拓展了课程内容的概念，确立了开放、整合的课程资源观。课程资源即课程内容来源，指一切具有教育价值并能被纳入课程体系、有利于实现课程与教学目的的各种物质、精神和人力因素。其形态包括精神、事物、人员 3 个方面；其范围包括学校课程资源、社会课程资源和网络课程资源 3 部分。

（1）综合实践活动的课程资源主体性、开放性、整合性、地方性、实践性、生成性等特征。

①主题性。综合实践活动课程的"三条线索四大领域五个方面"内容不是以传统"课文"的形式而是以若干"主题"的方式呈现出来，每一个主题又涉及多个学科的知识内容，从而打破了传统学科课程内容的呈现模式，实现了各学科知识内容的整合和融通，增进了教学与学生生活和现实社会生活的密切联系，激发学生参与活动的兴趣，培养学生分析问题、解决问题的能力。

②开放性。课程内容应当而且必须摆脱传统"教材"及其"知识"体系的局限，开放到学校和社会现实生活的事件、现象、情境和实践活动之中，开放到学生的实际经验系统中；教师和学生都可以而且应该参与课程的开发、主题的确定以及课程的实施全过程；学校可根据课程目标及课程实施指南所提供的内容领域，根据自身特色与条件自行选择适当内容，确定合适主题，结

合校本课程的开发、建设，根据自身特色与条件，充分开发利用各种课程资源，确定合适的活动主题和活动开展方式，使课程更加适合我国各地经济建设的特点，使学校办学更有特色。

③整合性。课程内容向学生呈现关于个人、自然、社会及其相互关系的整体世界，每个方面、每个领域、每个主题都涉及多个学科的知识，各个学科的知识在综合实践活动课程的主题中，不是以分割的拼盘的形式出现，而是以融合的整体的形式出现，从而实现各科知识的整合，消除学科的隔阂，增强学科间的沟通，目的在于帮助学生完整地认识世界，形成健康和谐的情感、态度和价值观。

④地方性。课程内容不应是国家钦定、全国划一的，而应当是根据我国各地各校发展不平衡、特色各异的特点，根据学校所在地区的社会经济、历史文化及教育的状况和发展需要来确定的，从学校师生的实际生活（注意：综合实践活动课程中的"生活"与日常生活的概念有别，它是师生校内外各种教育教学活动及生活活动的总和）出发，密切关注学校师生生活的社区所面临的各种现实问题，顾及时令、节日及政令，尽量就地取材，突出社区实际，体现地方特色。

⑤实践性。课程内容以学生的现实生活和社会实践为基础，充分发掘校内外各种课程资源，不是在学科知识的逻辑序列中、在课堂和学校的围墙内而是在师生特别是学生与现实生活和社会实践以及广袤的社会范围的交互作用过程中构建课程内容并实现课程的价值。课程内容组织应有利于学生亲历亲为，使每个学生

都能够参与和实践，切实保证让学生走出课堂和学校，走向社会，走进生活，积极参与到各项实践活动、各种实际行动中去，在"做"、"考察"、"实验"、"探究"、"设计"、"创作"等操作实践性活动和"想象"、"反思"、"体验"等情感体验性活动中去发现和解决问题、体验和感受生活乐趣，培养和训练动手操作技能，发展实践能力和创新能力。

⑥生成性。课程内容不是完全预定的、不可更改的，它应当而且必须摆脱传统"教材"及其知识的局限；"主题"不是现成的结论，而是一个不断生成的过程。它只提供一种指南和一些范例，具体内容则在实践活动过程中去充实。不同地区不同学校不同年级不同师生应当根据学校所在地区的社会经济、历史文化及教育的状况与发展需要和学校及师生的实际生活来自行确定适合自己的主题，也就是说，应当从校内外、从生活中、从实践中去寻求和提出活动的主题，应当允许师生在实施过程中超越现成主题去不断生成新的主题，开辟新的活动探究领域。

课程资源观极大地拓宽了对课程教学及其内容的认识。第一，过去，人们简单地将课程教学及其内容狭隘地理解为教学计划中规定的科目及其教科书中的知识，课程资源仅限于学校课程，自然、社会中各种有教育意义的人的、物的和意识的资源均未被纳入教育资源范畴，他们的教育功能和意义没有被充分地认识和利用；第二，课程活动被认为只是学校及其人员尤其教师的责任，课程教学主体仅限于学校师生尤其是课程教材的编制人员，不仅学生处于被动接受的地位，而且广大家长和社区相关机构及其实践活动人员也认为课程活动于己无关；第三，课程实施即教学的范围被限制在学校课堂这个狭小封闭的空间范围内，课程教学方式被片面地理解为学校师生之间的授受"主—从"式活动，从而对课程资源的广泛性、开放性及其开发利用价值认识不够。由于学校教育及其课程体系的封闭性及其与社会的隔膜，社会的课程资源拥有者缺乏为学生、为教育服务的意识，不了解学生的需求，不支持学校的活动，造成严重的各种校外课程资源闲置浪费现象。第四，教师、学生和家长不知道从哪里找到自己所需要的资源，或者是不知道如何利用这些资源来对学生进行有效的教育。现在，人们认识到，课程资源非常丰富、广泛，同时能够根据某种教育目的或需要进行整合的，它们以其具体形象、生动活泼、丰富多样和学生能够亲自参与和自主设计等特点，给学生多方面的信息刺激，调动学生多种感官参与活动，激发学生兴趣，使学生身临其境，在愉悦中增长知识，培养能力，在体验中陶冶情操、发展个性，对学生的全面和谐发展具有独特的教育价值。各种课程资源的开发和利用，是保证综合实践活动课程实施的基本条件。

（2）主题及其与课程资源的关系。综合实践活动主要以"主题"为内容呈现形式、以"实践"活动为实施途径和方式进行。这是它与学科课程以系统知识为主要内容形式、以课堂为展开途径和形式进行的显著区别。它只有《综合实践活动指导纲要》及各指定领域的《实施指南》，而没有课程标准、教学全国及师生通用的统编教材，各地各校可以根据《指导纲要》及《实施指南》的要求范围组织编写（也可选用外地组织编写的）适合本地本校师生分别使用的材料（教师用的称为《教师指导用书》，学生用得成为《学习包》），两者在编写体例上有很大区别，而且每个班级每个教师甚至每个学生都制订具有班级、个人特色的个性化活动方案；同时由于综合实践活动的过程取向性和活动创生性，这种资料或方案也并不是综合实践活动实施非执行不可，而只是作为活动实施的参照而非唯一标准，更重要的是教师应指导学生从各科学习中、从日常生活中、从活动情境中、从各种课程资源中去生成新的目标、新的主题、制定新的计划，并且应当承认这些新的目标、新的主题、新的计划的合理性及其存在价值。

"主题"是综合实践活动课程各种具体活动的核心问题，在《学习包》中，类似于传统教科书中的"课文"。二者的区别在于，"课文"是以系统的学科知识为基础，"主题"则是以广泛的实践经验为基础；"课文"知识是以分科的形式呈现，"主题"经验则是以融合的形式呈现；"课文"的教学活动主要是在学校课堂里封闭性地进行，"主题"的活动虽然也沿用传统"教学"的名称，但它不限于学校课堂，而是在包括社区和家庭的开放性的广阔空间里进行的，而且从根本上不是教师"教授"的即以传统的以教师为中心的"传道授业解惑"教学方式进行的，而是在教师引导下学生通过自主的"实践探究发现"学习方式进行的。

"主题"更不是现成的结论，而是一个不断生成的过程。例如，在中小学《综合实践活动》的学生用书"学习包"中，尽管围绕课程内容的三条线索四大领域五个方面设置了一些主题，但这些主题仅仅是一种指南和一些范例性问题，不同地区不同学校不同年级不同师生应当根据学校所在地区的社会经济、历史文化及教育的状况与发展需要和学校及师生的实际生活来自行确定适合自己的主题，也就是说，应当从校内外、从生活中、从实践中去寻求和提出活动的主题。综合实践活动的实施是在主题的引导下并围绕主题展开的实践活动过程，允许师生在实施过程中超越现成主题去不断生成新的主题，开辟新的活动探究领域。

课程资源只提供课程内容选择的范围，而不提供具体的内容。综合实践活动的内容是以"主体"形式呈现出来。在综合实践活动中，课程资源提供了"主题"需要选择的广阔范围，"主题"则是其课程资源的凝练表现。主题的开发、选择与设计对于中小学校师生尤其学生来说，会感到有一定困难，不知从哪里做起。结合各地进行综合实践活动主题开发设计的经验，笔者以为，首先，必须遵循《综合实践活动指导纲要》提出的尊重学生的兴趣、爱好与特长，体现学校的特色，反映学校所在社区的特点和联系显示日常生活等原则。其次，应当反映当今社会发展对学生的知识技能、综合实践能力、探索创新精神、个性品质和价值观念等方面的客观要求，当代中小学生的年龄特征及其身心发展的内在需要，我国基础教育课程及其实施长期存在的问题，以及历次课程改革特别 20 世纪 80 年代以来基础教育课程改革的成功经验，以及世界基础教育课程改革发展的发展趋势。再次，应当以当代社会科技、经济、政治、文化发展的趋势和要求为客观依据，以当代哲学、社会学、文化学、心理学、教育学特别是当代课程理论为理论指导。再其次，应根据综合实践活动课程的目标，兼顾知识与技能、过程与方法、情感态度与价值观，尤应注重学生情感体验与生存体验的获得与增进，有助于学生人格、个性的全面、协调发展。具体说来，主题的开发、选择与设计应当符合以下要求。

首先，可根据综合实践活动课程目标及其实施指南所提供的内容领域，按照《学习包》所提供的范例，根据本校所处的教育层次及其特色与现有条件以及学生的年龄阶段及其特征、特长自行选择适当内容范围，确定合适主题；应当与"校本课程"开发与建设结合起来加以整体设计。

其次，应当尽量就地取材，根据社区发展的实际需要，体现活动的地方特色，并与"地方课程"开发与建设结合起来考虑，充分开发和利用社区和地方蕴藏的巨大课程资源，如人口、能源、生态、环保、交通、城建、消费、文化、教育等都是主题的不竭源泉。

第三，应充分考虑不同年龄阶段不同教育程度学生的身心发展特点、原有知识水平、能力发展状况、兴趣爱好、文化教育背景及其实际生活经验等，重视那些来自中小学生现实生活并对他们自身、家庭、学校以及所在地区的发展具有实际价值的主题，以便使他们能够自主地实施；应符合中小学生的认知心理特点，力求语言生动、格调清新、形式活泼、情趣盎然、内容丰富、方法多样，有助于调动学生参与活动的积极性、提高他们活动的兴趣、展现他们的特长、发展他们的个性。

第四，应切实保证并提供尽可能多的能够让学生走出课堂，走向社会，走进生活，参与实践，自主活动，动手操作和体验社会生活的机会；切忌学科化、课堂化、理论化倾向；为学生提供更宽广的开放的学习与发展空间，让每一个学生都能得到多元自主的实际锻炼、展现才干的机会；应能帮助师生转变传统"授受式"教学活动方式，特别是促进学生改变单一的被动接受式学习方式，使其形成自主学习意识、综合应用知识能力、动手操作探究能力及其完善健全的经验结构。

第五，可从某一指定领域切入或从各学科知识出发，但其设计及其实施都不宜受学科知识体系或领域的局限，应恰当地跨越并整合各学科知识，从其他相关学科或领域中选取有利于实现目标的内容加以重组、综合和拓展，并综合地运用各学科知识于实践活动中，从而实现各学科知识的综合、学科知识与实践经验的整合，以便使学生形成对周围世界的完整认识和全面体验。

第六，教师或指导者应预先实地考察，考虑实施的可行性，以确保主题活动顺利、有效而安全地开展。应考虑课程资源的特点、学校现有师资、设备、场所以及当地社区的其他条件，要充分利用或调动社会各界的力量，学校、家庭和社会协同行动，共同实施，以达成综合实践活动课程的目的。

（3）主题开发与设计策略

①充分发挥各类课程主体的作用。

首先，要充分发挥教师和学生主体的作用。在综合实践活动课程资源开发利用中，教师不仅是课程计划的执行者，教科书知识的传授者，而且应当是课程资源的开发者、主题活动的设计者，充分挖掘各种资源的潜力和深层价值；应当成为学生利用课程资源的引导者，围绕学生的发展，引导帮助学生走出教科书，走出课堂和学校，充分利用校外各种资源，在社会的大环境里学习和探索。教师还应当教师指导学生为解决问题而采用各种手段和形式从各种渠道和环境搜集、整理、研究信息，在分析思考和实践探究的基础上，又可能提出新的问题。学生不仅应当接受人类传承下来的丰富系统的文化知识，而且应当自主参与、积极反应和主动创造，成为课程资源的主体和学习的真正主人，应当学会主动地有创造性地利用一切可用资源，为自身的学习、实践、探索性活动服务。

其次，要充分发挥家长和社区机构人员的作用。课程改革是一项系统工程，不仅仅是学校师生的事，还需要全社会的支持、帮助和积极参与。课程资源的拥有者即学生家长和社区机构工作者不仅应当提高为教育发展、课程改革服务的责任意识，而且应当就是课程资源的开发者，积极参与课程资源开发利用的进程。应当建立一套社会广泛参与课程资源开发与利用的运行机制。全社会都应当树立为学校教育服务、为学生发展服务的意识，各类社会资源只有与学校教育特别是学校课程与学生学习有机地结合在一起，才能实现其更大的功能与价值。

②建立国家、地方、学校三级课程资源开发与管理机制。课程改革实行国家、地方、学校三级课程资源开发与管理政策。综合实践活动是典型的国家、地方、学校三级开发与管理的课程。

在其开发、实施和实施过程中，国家负责制定《综合实践活动指导纲要》和各指定领域的《实施指南》，不制定该门课程标准或教学大纲，不组织编写师生共用的统编教材，将具体的课程教学材料的开发、设计、编制权下放给地方和学校。

地方根据《综合实践活动指导纲要》的要求范围，根据当地社会发展的特点和实际需要，与地方课程的开发与建设结合起来，充分开发和利用社区和地方蕴藏的巨大课程资源，如人口、能源、生态、环保、交通、城建、消费、教育等都是活动主题的源泉，组织编写（也可选用外地组织编写的）适合本地区师生分别使用的材料。根据自身特色与条件自行选择适当内容，确定合适主题，结合校本课程的开发、建设，根据自身特色与条件，充分开发利用各种课程资源，确定合适的活动主题和活动开展方式，使课程更加适合我国各地经济建设的特点，使学校办学更有特色。

学生应充分发挥自主性，在教师指导下自己参与设计、自己选择主题、自己组织实施、自己进行评价，将活动主题内容的设计与实施过程作为改变学习方式、学会学习、主动发展的过程，使其发展更有特长。

③整合各种课程资源，实现课程资源的序列化、层次化。所谓整合，就是根据综合实践活动课程目标进行整体设计，使校内外各种教育资源在教师与学生，学科理论知识与实践活动技能，学习活动过程与方法、情感态度价值观，各指定活动领域等方面实现融合与统整，这既是综合实践活动课程性质的要求，更是社

会协调发展、学生全面和谐发展的需要。

首先，必须加强各科各领域各种课程资源的整合。内容领域及其主题范围既要注意学科知识的综合，又要注意加强综合实践活动各领域内容主题的贯通；既要体现学科知识的综合运用，又要保持本领域活动的实践特色；还要将校内外各种课程资源整合成一个有机整体，共同为学校教学和学生发展服务。

内容的选择可从各学科知识出发，但不受学科知识体系的局限而有利于综合地运用各学科知识于实践活动中，充分发掘和发挥各种课程资源的价值并将其纳入学校课程体系中。要把四大指定领域的内容融合起来加以设计和实施，从其他相关学科领域中选取有利于实现目标的内容加以重组、综合和拓展，从而实现学科知识的综合和学科与实践的整合，以便充分体现综合实践活动的性质和促进学生综合素质和谐发展的宗旨。

其次，应当重视课程资源的积累提升，实现课程资源的序列化、层次化。综合实践活动是学校的教师和学生共同学习、参与合作、成果分享和将所学理论知识综合运用于社会实践活动的过程，也是社会相关人员参与协作、成果分享、共建社区文化和社会文化资源融进学校教育活动的过程。学校在其内容资源开发利用过程中，要从实际出发，做好课程资源的积累和提升工作，建立课程资源库，分类分层管理，形成纵横序列，逐渐深入提升，使之与不同类型学校的办学特色、不同年级学生的发展水平、不同类型学生的个性特点以及不断提高的教育要求相适应。

④提倡因地制宜，开发本土化课程资源。学生和学校以及社

区的现实生活中蕴藏着丰富的素材，这是综合实践活动取之不尽、用之不竭的课程资源。

不同地区不同类型学校均有着自身的优势，不仅条件优越的城市学校而且条件相对缺乏的农村学校都可以开展综合实践活动。比如，农村地区、边远落后地区、少数民族地区的学校以及城市薄弱学校相对来说可供选择利用的社会信息资源较少、师资力量不足、教学设施缺乏，但自然资源十分丰富、与生产生活联系紧密、民族传统文化资源优厚，这些地区的学校完全可以将综合实践活动的开展同当地的社会经济建设、生产劳动技术、科学技术应用以及民族传统文化等活动结合起来进行，努力开发本土化的课程内容资源。

选择和确定课程内容主题时，应根据课程目标，尽可能就地取材，发挥优势，突出特色，注重发掘和利用学校和社区资源，必须充分反映学校特色、社区特点及其要求。

因地制宜地开发利用课程资源，必须考虑中小学生的年龄特点、原有知识水平、能力发展状况、兴趣与爱好、文化教育背景及其实际生活经验等实际情况；主题及其案例设计还应符合中小学生的心理特征，力求语言生动、格调清新、情趣盎然、内容丰富、形式活泼、方法多样，有助于调动学生的活动积极性和提高他们的课程活动兴趣，发展学生的特长，做到课程资源开发的个性化。活动展开应充分发挥学生的自主性，将活动内容的设计与实施过程作为改变学习方式、学会学习、主动发展的过程。

⑤提倡资源共享，凸显差异特色。建立课程资源库的目的，

在于使不同学校、教师和学生在不同的时空范围内实现资源共享，提高课程资源的利用率，降低课程资源开发的成本，避免不必要的浪费。在课程资源开发与资源库建设过程中，应当提倡学校之间、教师之间、学校与社会相关机构（如各级生在目标定位、内容选择、主题确定等方面应各有侧重和特点，突出不同类型不同水平学校的办学特色，反映指导教师的教学风格，体现综合实践活动课程的个性化、自主化特征。

第二章 校本课程举例（上）

第一节 华罗庚思想初探

本节摘录华罗庚的一些思想，摘自其几次对青年学生的谈话。

数学是一门非常有用的科学。我想同学们一定都知道，我们要建设祖国，保卫祖国，必须有数学知识。而数学是一切科学有力的助手，我们掌握了数学，才能进入科学的大门。在日常生活里，我们也到处要用到数学。你们现在学的算术、代数、几何，都是数学里基本的一部分，应当学好它。数学的用处还不只这些。加里宁曾经说过，数学是锻炼思想的"体操"。体操能使你身体健康，动作敏捷。数学能使你的思想正确、敏捷。有了正确、敏捷的思想，你们才有可能爬上科学的大山。所以，不论将来做什么工作，数学都能给你们很大的帮助。有的同学说，"数学的重要我知道，可是太难了。我看见数学就头痛，对它实在没有兴趣。"数学真的很难吗？我看不是。数学既然是思想的"体操"，那也就和普通的体操一样，只要经常锻炼，任何人都可以达到一定的标准。拿跳高来说，任何人只要经过适当的锻炼，都能跳过一米二。数学也一样，只要经常锻炼，经常练习，就能达到一定标准，并不需要任何天才。以我自己来说，我在小学里，数学勉强及格。初中一年级的时候，也不见得好。到了初中二年级才有了根本上的改变，因为我那时认识了这一点：学习就是艰苦的劳动，只要刻苦钻研，不怕困难，没有解决不了的问题。旁的同学用一小时能解决的问题，我就准备用两小时解决。是不是别人一小时的工作，我一定要用两小时呢？那也不见得。由于我不断地刻苦练习，后来别人要花一小时才能解决的问题，我往往只要用半小时，甚至更短的时间就解决了。不怕困难，刻苦练习，是我学好数学最主要的经验，我就是这样学完了基础的数学。这一宝贵的经验，直到今天，对我还有很大的用处。我和其他数学家研究问题的时候，当时虽然都懂了，回来我还要仔细地思考研究一遍。我不轻视容易的问题，今天熟练了容易的，明天碰到较难的也就容易了。我也不害怕难的问题，我时刻准备着在必要时把一个问题算到底。我相信，只要辛勤劳动，没有克服不了的困难，没有攻不破的堡垒。还有些同学说："数学就是太枯燥，又是数目字，又是公式，一点没有趣味。"数学是不是很枯燥，很没有趣味呢？我想：你们既然知道祖国建设需要数学，怎么还会感觉数学没有趣味呢？其实，数学本身，也有无穷的美妙。认为数学枯燥无味，没有艺术性，这看法是不正确的。就像站在花园外面，说花园里枯燥乏味一样。只要你们踏进了大门，你们随时随地都会发现数学上也有许许多多趣味的东西。我现在举个极简单的例子："我家有 9 个人，每人每天吃半两油（注：当时使用的是一个十六两制），一个月（以 30 天算）共吃几斤几两？"这个问题我想你们都会算，算式是：$9 \times 0.5 \times 30/16$ 但是如果你们动一动脑筋：每人每天半两，每人每月不是 1 斤差 1 两吗？9 人每月吃油就是 9 斤差 9 两，即 8 斤 7 两。算起来岂不又快又方便？你们还可以把一个月当 31 天，用上面两个方法算一算，比较一下，就知道数学是个怎样有趣、怎样活泼的一门科学了。

同学们，在长知识的时候，数学是你学习其他科学有力的助手，我希望你们把数学学好！只要不怕困难，刻苦练习，一定学得好。聪明在于学习，天才由于积累。最近，党向我们提出了向科学大进军的庄严号召，要我们在十二年内在主要科学方面接近世界的先进水平。这个号召使广大青年科学工作者感到巨大的鼓舞，许多青年人并且订了几年进修计划。这是一个十分可喜的现象。这里我想提出几点意见，供大家参考。

聪明在于学习，天才由于积累。必须认识攻打科学堡垒的长期性与艰巨性。应该像军队打仗，要拿下一个火力顽强的堡垒一样，不仅依靠猛冲猛打，还要懂得战略战术。向科学进军不但要求有大胆的想象力，永不满足于现有的成就，而且要踏踏实实从眼前的细小的工作做起，付出长期的艰苦劳动。听说许多大学毕业的青年同志正在订计划，要在若干年内争取考上博士。但我要奉劝大家，不要认为考上博士就万事大吉，也不要认为将来再努一把力考上个博士就不再需要搞研究了。不，科学研究工作是我们一辈子的事业。我们的任务是建设共产主义的幸福社会，是要探索宇宙的一切奥秘，使大自然力为人类服务，而这个事业是永无止境的。若单靠冲几个月或者两三年，就歇手不干，那是很难指望有什么良好成绩的；即或能作出一些成绩，也决不可能达到科学的高峰，即使偶有成功总是很有限、极微小的。解放前我们看见不少的科学工作者，他们一生事业的道路是：由大学毕业而留洋、由留洋而博士、由博士而教授，也许他们在大学时有过一颗爬上科学高峰的雄心，留洋时也曾经学到一点有用的知识，博士论文中也有过一点有价值或有创造性的工作，但一当考上了博士当上了教授，也就适可而止了；把科学研究工作抛之九霄云外，几十年也拿不出一篇论文来了，这实在是一件很惋惜的事。当然那主要是旧社会的罪恶环境造成的，今天我们的环境不同了，新中国的社会主义制度为科学事业开辟了无限广阔的道路。现在我们可以安心地在自己的岗位上去大力从事科学活动，努力钻研创造。我们的科学事业已成为整个社会主义的不可分割的组成部分，因此就不应该再抱着拿科学当"敲门砖"的思想，而应该为自己树立一个最高的标准和目标，刻苦坚持下去，为人民创造的东西越多、越精深才越好。

有些同志之所以缺乏坚持性和顽强性，是因为他们在工作中碰了钉子，走了弯路，于是就怀疑自己是否有研究科学的才能。其实，我可以告诉大家，许多有名的科学家和作家，都是经过很多次失败，走过很多弯路才成功的。大家平常看见一个作家写出一本好小说，或者看见一个科学家发表几篇有分量的论文，便都仰慕不已，很想自己能够信手拈来，便成妙谛；一觉醒来，誉满天下。其实，成功的论文和作品只不过是作者们整个创作和研究中的极小部分，甚至这些作品在数量上还不及失败的作品的1/10。大家看到的只是他成功的作品，而失败的作品是不会公开发表出来的。要知道，一个科学家在他攻克科学堡垒的长征中，失败的次数和经验，远比成功的经验要丰富深刻得多。失败虽然不是什么令人快乐的事情，但也决不应该气馁。在进行研究工作时，某个同志的研究方向不正确，走了些岔路，白费了许多精力，这也是常有的事。但不要紧，你可以再调换一个正确的方向来进行研究；更重要的是要善于吸取失败的教训，总结已有的经验，再继续前进。根据我自己的体会，所谓天才就是靠坚持不断的努力。有些同志也许觉得我在数学方面有什么天才，其实从我身上是找不到这种天才的痕迹的。我读小学时，因为成绩不好就没有拿到毕业证书，只能拿到一张修业证书。在初一年级时，我的数学也是经过补考才及格的。但是说来奇怪，从初中二年级以后，就发生了一个根本转变，这就是因为我认识到既然我的资质差些，就应该多用点时间来学习。别人只学一个小时，我就学两个小时，这样我的数学成绩就不断得到提高。一直到现在我也贯彻这个原则：别人看一篇东西要3小时。我就花3个半小时，经过长时期的劳动积累，就多少可以看出成绩来。并且在基本技巧烂熟之后，往往能够一个钟头就看完一篇人家看十天半月也解不透的文章。所以，前一段时间的加倍努力，在后一段时间内却收得意想不到的效果。是的，聪明在于学习，天天积累。脚踏实地与加快速度正因为科学工作是一个长期的艰苦的事业，所以不仅要有顽强性和坚持性，而且必须注意科学的方法和步骤，脚踏实地地循序渐进。正像我国要实现社会主义的美好前途一样，不能指望在一个早晨便达到，必须经过过渡时期才行。向科学进军好比爬梯子，也要一步一步地往上爬，既稳当又快。如果企图一脚跨上四、五步，平地登天，那就必然会摔跤，碰得焦头烂额。我这样说是不是保守思想呢？是否违反了"又多又快又好又省"的原则呢？我觉得，循序渐进是和加快速度不矛盾的，正因为循序渐进，基础打得好，所以进军才能保证顺利完成。过去有些中学生，自命为天才，一年跳几级，初中未读完就不耐烦了，跳班去读高中，这是很危险的事，虽然暂时勉强跟得上，但因为基础打得不扎实，将来进一步研究的时候就会有很大的困难。有些青年不但怕难，而且很轻视容易，初中算术还没学好就想跳一跳去学代数。他大概认为算术太简单，没有必要多学，结果到了学代数的时候，却发现有许多东西弄不懂，造成很大的困难。其实我们通常的所谓困难，往往就是我们过于轻视了容易的事情而造成的。我自己从前就有过这样的痛苦经验。看一本厚书的时候，头一、二章总觉得十分容易，一学就会、马虎过去，结果看到第三、四章就感到有些吃力，到第五、六章便啃不下去，如果不愿半途而废，就只好又回过头来再仔细温习前面的。当然，我所谓要循序渐进，打好基础，并不是叫大家老在原地方踱步打圈子，把同一类型的书翻来复去看上很多遍。譬如过去有些人研究数学，把同样程度的几本微积分都收集起来，每本都从头到尾看，甚至把书上的习题都重复地做几遍，这是一种书呆子的读书方法，毫无实际意义，这样做当然就会违反了"快"的原则。我个人的看法是：打基础知识的时候，同一类型的科学，只要在教师的指导下选一本好书认真念完它就可以了（在这种基础上再看同一类型的书时只不过吸收其中不同的资料，而不是从头到尾精读）。然后再进一步看高深的书籍。循序渐进决不能意味着在原来水平上兜圈子，而是要尽快地一步一步前进。

谈到补基础知识的问题，目前在大学里有这样两种看法：一种看法是一面工作，一面研究，一面补基础；另一种看法是打好基础再研究。这两种做法当然都可以达到循序渐进的目的。但究竟哪一种方法最好，则必须结合自己的具体环境和条件来决定，不能机械硬搬。我以为在有良好导师进行具体辅导的情况下，不妨一面补基础一面搞研究工作，这样不致走什么弯路，而且可以很快前进。若没有导师指导，那就必须先打好基础，因为基础不好，又没有人指导，将来在进行研究专题时，发现自己基础知识不够，就往往会弄得半途而废或事倍功半，但即使没有导师，打基础的时间也不会花得太久。听说有些大学毕业的学生，担任教师二、三年，在制订个人计划时还准备用 10 年时间来打基础，争取副博士水平，这实在是完全不必要的。依我个人的看法，一个大学三年级肄业调出来工作的同志，拿二、三年时间补基础就够了。当然指的是辛勤努力的二、三年，而不是一曝十寒的二、三年。

独立思考和争取严格训练搞好科学研究的一个重要关键问

题，便是充分发挥独立思考能力。同志们都知道科学工作是一种创造性的劳动，我们从事科学研究的目的，就是要通过自己的劳动，去竭力发掘前人所未发现的东西；如果别人什么都已发现了，给我们讲得清清楚楚，那就用不着我们去搞科学研究了。所以在科学研究上光凭搬用别人的经验是不行的；而且客观事物不断地在发生变化，科学事业也在时时刻刻向前发展，只是套用别人的经验就往往会发生格格不入的毛病，甚至每个人自己也不能靠老经验去尝试新问题，而应该不断地推陈出新，大胆创造。我总觉得，我国青年在这方面还有着较大的缺点。比如我访问民主德国的时候，我们在德国的留学生就告诉我，由于国内的大学里没有很好培养独立思考的能力，所以现在在学习上造成了很大的困难。他们和德国同学在一起读书听课都不差，但做起"习明纳尔"（课堂讨论）来就不知道从何下手。甚至于自己不会找参考材料，就是找到了参考资料，上去演讲的时候，往往人云亦云，不能有所裨益，或创造。的确我接触到过不少大学生，他们从来也没有想到过要和书上有不同的看法。这样，他们实际上变成了一个简单的知识的传声筒。我们有些大学里过去实行过所谓包教包懂的制度。一次不懂便去问老师；两次不懂再问；三次不懂又再问，一直到全懂为止。这虽然是个省力的办法，但可惜任何学问都是包不下来的。如果老师连你怎样做研究工作全都包下来了，那他就不需要你再做这个研究工作了。导师的作用在于给你指点一些方向和道路，免得去瞎摸，但在这条路上具体有几个坑，几个窟窿，那还得你自己去体验。何况我国目前科学上空白点很多。谁也没有去研究过的项目，你到底依靠谁呢？唯一的办法就是要依靠你自己在现有的知识基础上去创造，去深思熟虑。但请大家切不要误解，以为我是要你们在科学上去瞎摸瞎闯，自以为是，一点也不向别人请教。不是的，独立思考和不接受前人的经验与老辈的指教是毫无共同之点的。假如有一个人没有应有的科学知识，便宣布"我要独立思考"，成天关在屋子里苦思冥想，纵然他凭他的天才能够想出一些东西来，我敢说他想出的东西很可能别人在几十年以前就已经想到了，很可能还停留在几百年以前或几十年以前的水平上面。这种情况说明他的劳动是白白的浪费，当然更谈不到赶上世界先进水平了。所以学习前人的经验，吸取世界已有的科学成果是非常必要的。而为了做到这一点，主动地争取老教师的帮助和严格的训练，又是值得青年同志们注意的。熟能生巧。

最后，我想顺便和大家谈谈两个方法问题。我以为，方法中最主要的一个问题，就是"熟能生巧"。搞任何东西都要熟，熟了才能有所发明和发现。但是我这里所说的熟，并不是要大家死背定律和公式，或死记人家现成的结论。不，熟的不一定会背，背不一定就熟。如果有人拿过去读过的书来念十遍、二十遍，却不能深刻地理解和运用，那我说这不叫熟，这是念经。熟就是要掌握你所研究的学科的主要环节，要懂得前人是怎样思考和发明这些东西的。譬如搞一个实验，需要经过 5 个步骤，那你就要了解为什么非要这 5 个步骤不可，少一个行不行，前人是怎样想出这 5 个步骤来的。这样的思考非常重要，因为科学研究的目的在于发明或发现一些东西。如果人家发明一样东西摆在你前面，你连别人的发明过程都不能了解，那你又怎样能够进一步创造出新东西呢？好比瓷器，别人怎样烧出来的，我们都不理解，那我们怎能去发明新瓷器呢？在资本主义国家里，流行着对科学家发明的神秘化宣传，说什么牛顿发明万有引力定律，是由于偶然看见树上一个苹果落地，灵机一动的结果，这真是胡说八道。苹果落地的事实，自有人类以来便已有了，为什么许多人看见，没有发现而只有牛顿才发现万有引力呢？其实牛顿不是光看苹果落地，而是抓住了开普勒的天体运行规律和伽利略的物体落地定律，经过长期的深思熟虑，一旦碰到自然界的现象，便很容易透视出它的本质了。所以对关键性的定理的获得过程，必须要有透彻的了解及熟练的掌握，才能指望科学上有所进展。再申明一下，这里谈的关键并不是指各种问题的关键，而是你所研究的工作中的主要关键。

其次，关于资料问题。搞研究工作既然要广泛吸取前人的经验，那就必须占有充分资料。如果是搞一个空白的科学部门，这门科学中国过去还没有或很少有人研究过，那查资料就会发生很大的困难。在这里我想与其谈一些空洞的原则让大家去摸，不如讲得具体些，但是愈具体错的可能性就愈大，希望大家斟酌着办，不要为我这建议所误。我觉得，如果有导师指导的话，那他就可以告诉你这门科学过去有谁搞过，大致有些什么资料或著作（具体材料他也不可能知道），然后你可按这线索去寻找，这样做当然还比较好办。如果没有导师，只派你一个人去建立这个新部门，那应该怎么办呢？我想首先要了解这门科学在世界上最有权威的是哪些人或哪些学派，然后拿这些人近年来发表的文章来看。起初很可能看不懂，原因大致有两种：第一，他所引证的教科书，过去我们没有念过。这很好，从这里知道我们还有哪些基础未打好，需要补课；第二，他引证了许多旁人的著作。这些著作我们不一定全部要看，但可以从这位科学家提供的线索开始，按他引证的书一步步扩大，从他研究的基础一步步前进。这样时间也不致花得太长。

　　青年同学们常常希望我和大家谈谈学习问题，我虽然比一般年青人大一些，可是至今仍然在摸索中学习，在不断失败中取得教训来进行学习。对于学习，我还没有一套成熟的经验，没有一套好办法，但有一个愿望，准备一辈子学，一辈子不灰心地学，绝不因为一时的挫折而降低学习的热诚和决心。科学是老老实实的学问，半点虚假不得。因此，我老老实实地先交代一下，才转入正题。下面谈的，也希望大家思考一下，看看哪些是对的，哪些是不对的，哪些是可以吸收加工的，哪些是应该扬弃的。这样，也许可以吸收到人家一点有益的东西，避免犯人家的缺点。要有雄心壮志。

　　现在我们面临着一个伟大的时代，我们要把一穷二白的祖国建设成为具有现代化工业、现代化农业、现代化科学文化的新中国。担负着这样的任务，每个青年应当树立起雄心壮志，以蓬蓬勃勃的朝气，敢于斗争，敢于胜利，敢于学习，敢于创造，敢于继往开来，敢于做些史无前例的大事业。但这并不是说，搞尖端的科学研究，搞创造发明才需要雄心壮志，搞一般工作就不需要雄心壮志。任何工作都可以精益求精，所谓"行行出状元"。没有雄心壮志的人，是不可能主动地把工作搞得很出色的。有些人以为参加农业劳动就不要雄心壮志了，其实不然，如果某人的努力，能增加农业产量1%，这就是一件了不起的事情。而要做到这样，就得树立雄心壮志。也有人以为，教中小学不需要雄心壮志，这也是不对的。培养下一代，是国家建设中一项最基本的工作。认为当中小学教师不必去艰苦钻研学问，这是一种泄气的看法，不是一种力争上游的看法。北京市一个小学教师说过："小学生要的可能是一杯水，但是我们得准备满满一壶水，才能充分满足他们的需要。"这话很有道理，当一个名副其实的、优秀的、社会主义的教师，就需要多多积累知识，使饥渴的青年能得到满足。我个人的经验也是如此，我有时担任大学一年级的数学课程，比高三仅仅高了一年，但在我的教学过程中，深深感到我的知识不是够了、多了，而是大大地不足。我经常发现新的更好的材料或讲授方法，我经常觉得我的教学大有改进的余地，写好了的讲稿，讲了之后就发现许多不足之处。古人说的教学相长，的确大有道理。我想，做任何工作都决不可得过且过，平平庸庸，应付门面，而是应该精益求精，不断改进。要飞上天，还得从地上起程与雄心壮志相伴而来的，应是老老实实、循序渐进的学习方法。雄心壮志并不是好高骛远、急躁速成，它和空想不同之处在于：有周密的计划——踏踏实实地安排好实现计划的具体步骤。使我们通过努力，能一步步地接近目标。例如上天，谁不想上天？嫦娥、孙行者式的上天，只是幻想、神话而已。要飞上天，还得从地上起程。五代词人韦庄有两阕《喜迁莺》："人汹汹，鼓冬冬，襟袖五更风。大罗天上月朦胧，骑马上虚空。香满衣，云满路，鸾凤绕身飞舞。霓旌绛节一群群，引见玉华君。""街鼓动，禁城开，天上探人回。凤衔金榜出云来，平地一声雷。莺已迁，龙已化，一夜满城车马。家家楼上簇神仙，争看鹤冲天。"这是词人的幻想，幻想虽然美丽，但真正要做到天上归来，带着科学资料出云来，还是要依靠多少年来无数人的踏踏实实的努力。

有人在中学里就要自学量子力学，算不算雄心壮志？这可能太早了一些。不了解力学，不了解微积分，而自以为可以读懂量子力学，这是不可想象的事。我们要扩大眼界，但是先不要忘记自己的知识水平。学习必须踏实，不能踏空一步。踏空一步，就要付出重补的代价；踏空多步，补不胜补，就会使人上不去，就会完全泄气。不过，一旦发现自己在学习上有踏空现象的时候也不要怕，回头是岸，赶紧找机会来补，不要不好意思。不补永远是个洞，补了就好了，就纠正了一个缺点，走起来就更踏实、更稳更快了。

做学问功夫，基础越厚越牢固，对今后的学习就越有利，越容易登高峰，攻尖端，得心应手地广泛用。有人说，基础宽些好，但到底多宽才好？有人为此而杂览群书。我的看法，打好基础的第一要求是：对于一些基本的东西，要学深学透，不要急于看力所不能及的书籍。什么叫学深学透？这就是要经过"由薄到厚"、"由厚到薄"的过程。

　　首先是"由薄到厚"。比如学一本书，每个生字都查过字典，每个不懂的句子都进行过分析，不懂的环节加上了注解，经过这一番工夫之后，觉得懂多了，同时觉得书已经变得更厚了。有人认为这样就算完全读懂了。其实不然。每一章每一节、每一字每一句都懂了，这还不是懂的最后形式。最后还有一个"由厚到薄"的过程，必须把已经学过的东西咀嚼、消化，组织整理，反复推敲，融会贯通，提炼出关键性的问题来，看出了来龙去脉，抓住了要点，再和以往学过的比较，弄清楚究竟添了些什么新内容、新方法。这样以后，就会发现，书，似乎"由厚变薄"了。经过这样消化后的东西，就容易记忆，就能够得心应手地运用。例如学数学，单靠记公式就不是办法，主要是经过消化，搞懂内容。"三角学"的公式很多，但主要的并没几个，其他公式都是由这些推出来的。其中主要的一个 $\sin^2\theta + \cos^2\theta = 1$，也不是新的，而是"几何学"上讲过的商高定理。学越快也许有人觉得，这样书是读"深"了，但"广"不起来；也许有人觉得，这样学习可能进度慢了。其实不然，这样会愈学愈快。基础好了，以后只不过是添些什么新东西的问题，而不是再把整本书塞进脑子里去的问题。这样学，就把"广"化为"添"，添些本质上所不知道的东西，而不是把"广"化为"堆"，把同样的货物一捆一捆地往上堆。这是深广结合的学法，是较有效率的学法。学了之后，巩固难忘，那就不必说了。打好基础的另一办法是经常练，一有机会就练，苦练活练，不要放过任何一个机会。比如说，学数学，最好不仅以会做自己学校里的试题为满足，旁的学校的试题也拿来做做，数学竞赛的试题也拿来做做；读报纸了，看到五年计划要求某种产品增加一倍，也不妨算算每年平均增加的百分比是多少。又如，弹道导弹的发射区的 4 点知道了，学数学的人，不妨想想从中能推出些什么，等等。老师没有讲过的，在打基础的同时，还必须注意培养独立思考的能力。一切事物都在不断向前发展着，我们用老方法来处理新问题，必然有时不适合，或者不可能。针对新的问题，我们就必须独辟蹊径，创造新的办法来处理。老师没有讲的，书上查不到的，前人未遇到的问题，就要靠我们独立思考来解决。培养独立思考的第一步，还是打好基础，多做习题，肯动脑筋，深透地了解定理、定律、公式的来龙去脉，但最好再想一下，那些结论别人是怎样想出来的，如果能看得出人家是怎样想出来的，那么自己也就有可能想出新东西来了。牛顿的发现不是偶然的，强调独立思考，并不是不需要前人的经验，而恰恰是建立在广泛接受前人成就的基础上。

最后，我想谈一谈天才与学习的关系问题。有些人自己信心不足，认为学习好需要天才，而自己天才不够；又有一些人，自高自大，觉得自己有才能，稍稍学习就能够超过同辈。实质上，这两种看法都有问题。当然，我们不否认各人的才能不一样，有长于此的，有短于彼的，但有一样可以肯定：主动权是由我们自己掌握的，这就是努力。虽然我的资质比较差些，但如果用功些，就可能进步得快些，并且一般地讲，可以超过那些自以为有天才而干劲不足的人。学问是长期积累的，我们不停地学，不停地进步，总会积累起不少的知识。我始终认为：天才是"努力"的充分发挥。惟有学习，不断地学习，才能使人聪明；惟有努力，不断地努力，才会出现才能。我想用一句老话来结束这篇文章："勤能补拙，熟能生巧。"

第二节　生活中的数学

生活是数学的发源地，是数学的根，因此，数学都能在生活中找到其产生的踪迹。《数学课程标准》指出："数学是人们生活、劳动和学习必不可少的工具。"既然数学来源于生活，那么我们的数学教学就不应该只是单纯的知识传授，而应遵循源于生活，寓于生活的理念，让学生体会到数学就在他们身边，感受到数学的趣味和作用。长期以来，为什么一些学生对数学不感兴趣，甚至对数学学习产生恐惧心理？其主要原因是：数学离学生的生活太远，故使学生感到数学枯燥、抽象难学。现在的新教材克服了这一弊端。它将数学与生活联系起来，题材丰富多彩，呈现形式多样，并引导学生去探究一些数学问题。这一切正符合小学生好奇、好思、喜新的心理特点。根据新教材的要求，要在教学中竭力让数学贴近儿童的生活，注重满足儿童身心发展的需要。

1. 素材

数学来源于生活，生活中处处有数学。教学时要善于挖掘生活中的数学素材，让数学贴近生活，使学生感受到数学的实用性，对数学产生亲切感。例如在教学《克和千克的认识》：一开始就从学生身边选择素材并制成录像片段作为课堂引入，这3段录像分别是学生称体重、农民卖菜和在水果摊买水果。使学生通过对熟悉的生活场景的回顾，感受到质量与我们生活的密切联系，消除对这一知识的距离感。此外，整堂课从教具到学具都取之于学生最熟悉的生活品，当学生看到自己喜欢吃的某一样食品或是非常熟悉的生活必须品出现在课堂上的时侯，那种油然而生的亲切感会使他们的情绪空前高涨，从而激发主动学习的愿望。在练习的环节中，有的教师有意识地布置了一个课后实践题"做爸爸妈妈的小帮手"，要求学生利用双休日跟爸爸妈妈到菜场或超市去了解一些物品的重量，并记录下来，从而将数学小课堂和社会这个大课堂联系起来，使学生再一次感悟到数学和生活的联系，并在社会实践中进一步形成和巩固重量概念。

2. 注重生活经验

生活经验是儿童数学学习的重要资源。尊重和承认"生活经验是儿童数学学习的重要资源"，可以有效地帮助教师改变自己的教学方式，从而促进学生学习方式的转变。如果对学生已有的生活经验不能正确地加以分析，也许就很难准确地把握住学生学习的"起点"，教学很可能会回到"灌输"的老路上去。着力实施一种"基于儿童生活经验的数学教学"，也正是数学课程改革的核心理念之一。例如在三年级一次数学单元测验的一道填空题，在括号里填上合适的单位名称"黄瓜长约3（ ）"。在阅卷的过程中发现有些同学填写的单位是"厘米"，而且不是少数。当时老师不假思索地将这样的选择判为错：一根黄瓜怎么可能只有 3 厘米长呢？"老师，黄瓜长约 3 厘米为什么错了？"试卷刚发下去就有好几个学生围着我问。"你们见过黄瓜吗？"老师觉得挺奇怪，就试探着问了一句。小家伙们一听都急了："我们经常吃黄瓜呀！""那它有多长呢？""我们家拌的黄瓜是大约长 3 厘米呀！"一个小家伙一边说还一边用手比画着。原来他们见到的是餐桌上的黄瓜片，老师没有贸然地去否定他们："这样，老师明天带一根黄瓜给大家看一看好吗？"第二天，老师带去一根黄瓜，孩子们的困惑也便迎刃而解了。前苏联教育家阿莫纳什维利曾说过："儿童回答老师提问的精确性，主要取决于儿童经验的逻辑性，而不在于事物本身的逻辑。"学生说黄瓜长约 3 厘米，刚开始会以为学生是没有建立起 1 厘米、1 分米的正确表象。其实，不是这样的。学生填"厘米"是基于他们特有的生活经验，他们见得最多的便是餐桌上的黄瓜片儿。如果问题说清楚是"一根黄瓜"也许好些。尊重学生的经验既包括那些正确的经验，也应该包括那些片面的、甚至错误的经验，教师要做的是帮助学生去伪存真、去粗取精。

3. 教学语言童趣化

教学语言是师生进行信息传递、情感交流的中介。把枯燥的数学和有趣的歌谣联系在一起，用编写的"数学歌谣"来激发小学生的数学兴趣并尝试让他们自己创作。例如在教学《年、月、日》时，教他们用一首歌谣来记忆 12 个月的天数："一三五七八十腊，三十一天永不差；四六九冬三十天，平年二月二十八。"又如：在上《亿以内数的读法》时，将亿以内数的读法编成如下歌谣："万级先，个级后，万级按照个级读，后面加上万；每级末尾'0'不读，中间有'0'读一遍。"结果学生对这节知识掌握得非常好。接着，在教《亿以内数的写法》时，尝试让学生自己编歌谣。结果学生们通过小组合作，你一言我一语，竟编出了许多种。通过歌谣的形式帮助学生解决学习难题，巩固记忆，这样学生不但乐于接受而且记忆深刻。

4. 把数学带进生活

新课程强调"让学生学习有用的数学"。因此，教师要创设一切条件，引导学生把课堂中所学的知识和方法用于生活实践之中，加强数学教学的实践性，通过与生活的联系，充分体现数学的价值，从而激励学生更好地学好数学。数学练习就是要引用相关的生活问题，使学生学用结合，学以致用，培养学生的数学态度、数学意识和解决简单实际问题的能力。例如："多少个人拉起手来长度大约是10米？操场上走一走，10米大约有多少步？比你高的人是谁？比你矮的人是谁？和你差不多的人是谁？他们分别有多高？"等。在进行这些练习时，可让学生先回家作一个小调查，然后回来再作练习。这样既丰富了学生的课余生活，又培养了学生实事求是调查研究的科学态度。而这样设计练习，其实也能较好地实现"数学与生活紧密结合"，进而培养学生解决实际问题的能力。

生活中所包含的数学实在是太丰富了，生活是数学的归宿，也就是数学必须服务于生活。数学教师要在自己的教学中善于让学生结合所学的新知识去解决一些生活中的问题，只有这样，学生才会有一种成就感，才能感到所学的知识有用武之地，更坚定学好数学的信心。也有利于学生学习兴趣的提高，更有利于学生在生活中用数学的好习惯的养成。让学生真正理解数学、认识数学、运用数学为自己生活和社会服务，要完成上述教育任务，还需要广大数学教师们不断去研究、去探索。

第三节　物理教学与日常生活的联系

家电的使用与维护

1. 怎样防止电视机起火爆炸

电视机处置不当也会起火爆炸，这已是不容置疑的事实。在你看电视时，如果闻到一股刺鼻的臭味，荧光屏上的图像突然消失，或是有雪花状的亮点在闪烁，或发生耀眼的白炽光，这是电视机发生故障，产生高压放电、打火的明显征兆。此时，你应立即关掉电视机，千万不能继续"带病收看"。电视机要放在有良好的通风散热环境里，防止雨水淋浇和灰尘侵入，更不能在有汽油、酒精、油漆和液化石油气等易燃液体和气体的房间里收看。遇到雷雨天气最好不要收看电视，防止把雷电引入室内，击毁电视机。如果你在收看电视时机内突然冒烟起火，千万不要惊慌失措，切不可用水来浇电视机。应迅速拔下电视机电源插头，然后用棉被等不透空气的物体将电视机严严实实地包裹起来，这样电视机内的火焰就会因没有空气而熄灭。若电视机外壳和内部都已燃起火焰，就可用泡沫灭火器或水浇灭。

2. 怎样防止电热杯引起火灾

①插上电源后，就要守着它，不能去干别的事。如果使用中突然停电，一定要及时拔下电源插头。②不能让电热杯中的液体煮沸后溢出，这样最容易破坏绝缘，造成短路。③不能把电热杯浸泡在水中刷洗，防止杯内安装电热丝的部位进水，使电热杯绝缘性能下降，引起短路或人身触电事故。④通电时不能直接使用电热杯，也不要将手指头伸进杯内试水温，或用手摸电热杯的金属外壳，应先拔下电源插头，慎防漏电。⑤刚烧煮过水或食物的热杯，不能任其"干燥"，应立即往杯内倒入凉水，因此时杯内电热丝的余热还很高，一时难以散发掉，久而久之就会损坏电热杯。

3. 怎样安全使用电热毯

（1）购买电热毯时应把好质量关。一定要选购那些经过国家质量检验部门检验合格的产品，并严格按照使用要求和注意事项去做。

（2）辐射直线型电热线的电热毯，不能用在"席梦思"、沙发床、钢丝床、弹簧床等伸缩性较大的床上。

（3）电热毯必须平铺在床单或薄的褥子下面，绝不能折叠起来使用。

（4）使用电热毯时，要有人在近旁监视。离家外出或停电时，必须拔下电源线插头，以免因电热毯开关失灵，来电后造成意外事故。

（5）大多数电热毯接通电源30分钟后温度就上升到38℃左右，这时应将调温开关拨至低温挡，或关掉电热毯，否则温度会继续升高，长时间加热就有可能使电热毯的棉布炭化起火。

（6）不能将电热毯铺在有尖锐突起物的物体上使用，也不能直接铺在砂石地面上使用，更不能让小孩在铺有电热毯的床上蹦跳，以免损坏电热线。

（7）电热毯在使用和收存过程中，应尽量避免在固定位置处反复折叠打开，以防电热线因折叠疲劳而断裂，产生火花引起火灾。

（8）被尿湿或弄脏的电热毯，不能用手揉搓洗涤，否则会损坏电热线绝缘层或折断电热线。

（9）使用中若出现不热或时而热时而不热、开关失灵、电热线折断等故障，应送到厂家或家用电器维修店检修，用户切勿随意自行拆卸修理。

4. 怎样预防电熨斗引起火灾

普通电熨斗的结构较简单，主要由金属底板、外壳、发热芯子、压铁、手柄和电源引线等组成。其规格按功率划分为200瓦至1000瓦不等。功率越大，产生的温度就越就。据测试，将一只700瓦电熨斗通电50分钟，其表面温度可达650℃。那么，怎样才能预防电熨斗引起火灾呢？

（1）根据家中电表的容量合理选购合适的电熨斗。

（2）制作安全保险的熨斗支架。为了安全起见，可以采用不燃隔热材料制作一个带撑脚的电熨斗支架，使电熨斗离开台面约20厘米，这样即使忘了拔下电源插头，也可免遭火患。

（3）使用中谨慎操作，熨烫衣物时要掌握好电熨斗的温度，发现过热应及时拔下电源插头。一定要养成"人离开，拔插头；暂不用，熨斗竖"的好习惯。尤其当使用中突然停电，更应及时拔下插头。

（4）电熨斗使用后，待放凉后再收藏。

5．家庭液化石油气防火安全

（1）要有一个安全的使用环境。禁止在密闭的房间或地下室里使用液化气，厨房内不能同时使用液化气、煤气、煤球炉等灶具。

（2）禁非专业人员修理液化气设备。

（3）用户必须严格遵守液化气设备操作要求，做到"火等气"，即先划着火柴，然后才能打开气阀，切不可"先开气、后点火"。点火后不离人，用完后先关钢瓶角阀，再关灶具阀。教育小孩不要玩能液化气设备，钢瓶和灶具要保持0．5米以上的安全距离。

（4）禁非乱倒液化石油气残液。

6．家庭怎样安全使用和储存汽油

近年来，我国城乡拥有汽车、摩托车等机动车的家庭日益增多。由于这些家庭普遍储存有一定量的汽油，又缺乏消防安全常识，会导致一些悲剧性火灾事故的发生。所以，家庭搞好汽油的安全使用和储存是关系到生命安全的大事。具体来说，应该做到以下几点：

（1）给车加油、用汽油调漆、清洗衣物和机件时，应在室外进行，附近不得有明火，绝对禁止边吸烟边加油。夜间或在黑暗处加油，切忌用打火机、蜡烛、煤油灯或普通电灯泡照明。也不能用汽油烧煤油炉、生炉子。

（2）储存汽油最好用金属容器，盖子必须拧紧，防止汽油分子外逸。储油桶应放在没有火、电、热源，不易碰倒，阴凉通风的地方。切不可放在居室、厨房、走廊或木楼梯处，否则万一油桶起火，将直接威胁到一家人的生命安全。

（3）在家中突然闻到汽油味时，要立即进行检查，但千万不能用明火照明。发现储油容器破裂渗漏，要及时予以更换。来不及就采取临时补救措施，用棉纱、布条等填堵。绝对禁止动火焊接。

（4）当储油容器歪倒，大量汽油在屋内流淌时，要迅速把家里的人疏散出去，并立即熄灭室内外一切着火源，也不能开关电灯或拉电闸，否则，由此产生的电火花会引起汽油爆燃。应打开门窗，自然通风。

（5）储存汽油的容器不能灌得太满，要留出5%以上的容积，因为受热后体积会膨胀易导致油桶破裂。

（6）储油容器万一起火，火焰猛烈，温度很高，要想用手搬移到室外，可能性很小。只要施放干粉灭火器，就能将火扑灭，用湿被褥、湿麻袋或沙土覆盖灭火也很有效。

7. 空调使用常识

使用遥控器时把信号发射头对准室内机上的信号接收窗，信号发射头和接收窗之间距离应在 7 米以内，且不应有障碍物。不要抛掷、磕碰遥控器。在装有电子启动型日光灯、转换型日光灯或无线电话的房间，信号接收窗接收信号会受干扰，使用时只要距离室内机近一些即可。

空调长时间不使用时，应断掉电源。空调的电源插座或开关必须配置有地线，以保证空调的安全使用，避免发生触电危险。使用规定容量的保险丝或开关，以达到对人身和机器的正常保护。空调不要安装在靠近可燃性气体易泄漏的地方，以免气体泄漏引起火灾。空调的接地线不要接在气体管道、自来水管道、避雷针、电话地线上。不要用水或滴水的抹布擦拭空调及其部件，以免造成损坏。定期清洁室内机滤尘网，以免空调耗电量增大，引起故障。要使内外机组的进风口和出风口保持畅通无阻，以确保空调的使用效果。

在安装或移机时，应请生产厂家的专业售后服务人员上门操作。如果用户自行安装或移机，则必须具备专业安装工具和专业的操作技能，严格按产品使用安装说明书中的安装程序、按安装工艺技术要求进行。

整机及关键部件按照国家"三包"规定执行。关键零部件包括：室内外机电脑板、室内外机电机、室内外机传感器、四通阀、蒸发器、冷凝器、室内外机管路系统部件（不包括内外机连接管）、室内外机主控板（液晶显示板）。

室外气温低于多少摄氏度时空调的使用效果会受到影响？

定频冷暖空调一般在室外气温低于－7℃时，即已超过空调的正常使用范围，制热效果会受到影响。定频冷暖辅助电加热空调一般在室外气温低于－9℃时，即已超过空调的正常使用范围，制热效果会受到影响。变频冷暖空调一般在室外气温低于－15℃时，已超过空调的正常使用范围，制热效果会受到影响。

空调实际耗电量与标称值为什么存在差异？

空调的技术性能参数与实际有差异，具体反映在室外机上，因室外机的工作温度随着室外温度的变化，其工作电流、制冷压力、压缩机的功率都会发生变化，所以，室外机上的技术参数标称值，注明的是标准工况时的最大技术参数，与室内机或说明书有些差异，这也是按行业标准要求规定的。

8. 怎样防范电脑引发火灾

电脑发生火灾的原因主要有：电脑是从电脑零部件市场选配组装的，电脑商将其配件如内存、中央处理器等进行超频、打磨处理，违规提升电脑配件的性能，造成先天隐患，"小牛拉大车"长期超负荷运行，而导致火灾事故的发生；电脑周围堆放书本、杂志等可燃物，在通风不良的环境下，机箱和显示器产生大量的热量，遇周围可燃物引发火灾；多次转手的电脑，长期带病作业，引起各类故障，导致电脑火灾事故的发生；质量低劣的电源插座、电脑的插头与插座不匹配或接触不良出现打火、电源线路负载低、老化等问题，都成为电脑使用中的火灾隐患。

怎样防范使用电脑引起的火灾呢？首先，要把好电脑购置关。最好选择有正规厂家标识、有质量保证的品牌电脑。如欲个人配置，要选择质量高、信誉好的经销商，特别对一些重要的部件，如显示器、中央处理器、内存等，看是否通过国际、国内的权威部门认证，并比较它们的相互兼容性，避免出现"小牛拉大车"的现象。第二，严格按照有关规范安装配电设施、电源线路及 UPS 电源，不要将电源线捆绑，并避免被重物压住，杜绝在同一电源插座上同时连接大功率电器，以防超负荷运行造成短路引发火灾。第三，电脑周围不要放置可燃物，以免这些可燃物成为电脑失火的媒介，使小火变为大火，造成不必要的损失。

9. 如何维修家用电器

维修方法的得当则能减少时间、提高效率，减少不必要的损失。然而在众多的维修技术人员中，对于维修方法更是仁者见仁智者见智，终归不外乎望、闻、问、切、测、断、短、换。

（1）望。维修技术人员进入现场首先就是要看，查看各操作元件位置正确与否，电控装置有无报警指示，有无保险烧毁，元器件有无明显裂痕缺损、电线电缆是否脱落等等。这对于肉眼能观察到的浅显故障非常有效。

（2）闻。有经验的维修人员都会知道设备电路或电器一旦有故障发生不论是短路、过载、接地错误、导线虚连松动、触点接触不良、虚焊、假焊、熔断器熔断等都会伴随发热导致绝缘材料刺激性气味的散发，如果我们迅速找到这些味道来源，那么我们就算是直接到达案发现场，给我们节省不少时间，维修起来就更有针对性。

（3）问。作为维修人员来说我们不是案发现场的目击者，操作人员才是，当我们望与闻都不奏效的情况下就要向目击人员询问一番了，根据他们的陈述可以了解设备与正常运行时的异常之处，帮助我们缩小查找范围。

（4）切。所谓的切就像老中医给病人号脉一样，在询问完之后我们也可以给这些铁疙瘩号一号脉，用手摸一摸设备电器元件的温度，也许你就能突然发现某个元件不正常发热。

（5）测。即是测电压、测电阻；利用前面所说的方法可以带我们直接到达事故中心地带，接下来的事就可以要用测的了，测量各点的电压值与电流值并与正常值比较，测量电阻判断是否有断路或断路发生。

（6）断。多支路并联且控制较复杂的电路短路或接地时，一般有明显的外部表现，如冒烟、有火花等。电动机内部或带有护罩的电路短路、接地时，除熔断器熔断外，不易发现其他外部现象。这种情况可采用逐步将这部分负荷断开检查。可重新更换熔体，把多支路交联电路，一路一路逐步或重点地从电路中断开，然后通电试验，这种方法简单，但容易把损坏不严重的电器元件彻底烧毁。

（7）短。设备电路或电器的故障大多为短路、过载、断路、接地、接线错误等。包括导线断路、虚连、松动、触点接触不良、虚焊、假焊、熔断器熔断等。对这类故障除用电阻法、电压法检查外，还有一种更为简单可靠的方法，就是短接法。方法是用一根绝缘良好的导线，将所怀疑的断路部位短路接起来，如短接到某一个节点后，电路工作恢复正常，说明该处断路。具体操作可分为局部短接法和长短接法。

（8）换。换是绝大数维修技术人员所采用的方法了，当我们怀疑某个元器件失效而这个元件内部结构比较复杂甚至是集成电路板的时候，我们又没有专用检测装置，这个时候拿一个备用元件替代是最直接的。但这样做的前提是只有肯定是由于该电器本身因素造成损坏时，才能换上新电器，以免新换元件再次损坏。当没有多余备件时可以将系统中相同或相兼容的两个板互换检查，例如两个坐标的指令板或伺服板的交换从中判断故障板或故障部位。这种交叉换位法应特别注意，不仅硬件接线的正确交换，还要将一系列相应的参数交换，否则不仅达不到目的，反而会产生新的故障造成思维的混乱，考虑周全，准确无误再行交换检查。

第四节　物理学习方法论

谈谈物理学方法论的教学问题

1. 进行方法论教学的重要意义

学生在校学习物理应学些什么？按照新的教学思想，学生必须学习这门学科的基本结构，即基础知识、基本原理、规律和研究这门学科的基本方法。这两大部分中，后者的价值并不小于前者。从某种意义讲，知识是客观存在的、不变的，而方法则是灵活的、活跃的、富有创造性的。伽利略已死去370多年，他所发现的自由落体规律在物理学知识的长河中所占比例愈来愈小，但他研究问题所创造的一套科学方法，却不断为后人所继承、发扬，创造了比自由落体规律高出千百倍的财富。实践证明，如果仅仅让学生学懂了自由落体规律当不了科学家，但是，如掌握了伽利略研究问题的方法，那将受益不尽。

2. 历史上，自然科学家都十分重视方法论的研究

许多物理研究工作者在取得科研成果的同时，也创造出了引人注目的方法论，这是人类宝贵的精神财富。爱因斯坦指出：在衡量人才的贡献时，主要看他们在自己的一生中"想的是什么和他怎样想的"，也就是说，既要关注人才向社会提供的物质成果，更要注意从他们那里吸取科学的思想方法以及思维的艺术。他在介绍自己取得科学成功的秘诀时，总结了一个公式：A（成功）＝X（艰苦的劳动）＋Y（正确的方法）＋Z（少说空话）。德国著名物理学家玻恩说："我荣获1954年的诺贝尔奖金，与其说是因为我所发表的著作里包括了一个自然现象的发现，倒不如说是因为那里面包括一个关于自然现象的新思想方法基础的发现。"

3. 正确的方法论是马克思主义的重要组成部分

因为自然科学方法论是自然科学与哲学的一个结合点，它的研究对于哲学和自然科学双方都有重要的意义。在《反杜林论》哲学篇及《自然辩证法》中，恩格斯对自然科学方法论作了广泛的研究、探讨，论述了方法论的许多重要原则。因此学习方法论有助于物理学工作者和青年人更好地学习唯物论和辩证法，促进

世界观的改造。斯蒂芬·梅森说：说起任何特殊的科学理论来对人类的价值观影响最大的恐怕还是科学的方法论。

特别应该指出，由于物理学研究的是关于物质的基本性质和能量转换的系统知识，而它的研究方法又符合辩证唯物论的一般认识规律，因此，物理学方法论在科学方法论的研究中又有着特殊的意义。例如，物理学方法向其他自然科学或技术科学转化、移植，形成了一些新的边缘科学：物理学与天文学结合形成天体力学、天体物理；与化学结合形成物理化学、量子化学；与生物学结合形成生物力学、生物物理、分子生物学、量子生物学等。著名的理论物理学家薛定谔在《生命是什么》一书中，把热力学和量子力学的理论和方法引入到了生物学中去。历史学家运用物理实验的方法，按照古书中记载的西汉造纸的蛛丝马迹，经过40多次的模拟实验，制成了可以书写的模拟西汉麻纸，使我国发明造纸的时间从东汉蔡伦提前至西汉，引起了国内外历史学家、科技史学家的注目。语言学家移植了物理学中"熵"的概念和热力学第二定律，解释了中外语言中的"拉长运动"（如"全身黄栗色的马"，古汉语上用一个字"骠"即可表示了）。因此，教给中学生研究物理学的方法，不论他们将来从事什么工作，都可以说是受益终身的。

4. 学习方法论，有利于尽快培养创造性人才

因为学习方法论可以使人们掌握正确的思想方法和工作方法，提高科学素养和科学鉴识力，指导学生进行创造性的研究工作。实践证明，知识愈丰富，方法论的思想愈新颖，而正确的方

法又可以加快人们更多地去掌握知识，所以有人说，正确的方法是科学之魂。对青年学生来讲，在学习阶段较早地接受方法论的指导，无疑会大大地缩短他们参加工作后凭借个人的经验而漫无边际摸索的阶段，有利于青年充分利用富有创造力的青年时期。因此，现在世界各国都把方法论的研究提到空前的高度，美国麻省理工学院为学生专门增设了方法论这一专门课程。我国在制定1978—1985 年 8 年全国科技规划时，"自然科学史和科学方法论"被列为重点研究项目之一。南京大学为学生开设了科研方法论选修课。上海和四路小学，为学生开设创造技法课，从小培养学生掌握研究问题的方法，这都是有远见的做法。最后应指出，进行方法论的教学与培养能力是一致的，一个人掌握的方法愈新颖、愈灵活，他的能力也就愈强。

5．怎样进行方法论的教学

物理学任何一个概念的引入，或新规律的发现与总结都渗透着方法论的思想，而且是各种方法的综合运用，因此，应该把方法论的教学贯彻于教学的始终，教学的各个环节，并且把方法论的教学寓于知识的传授之中，与知识的传授结合进行。

（1）讲授新概念，研究新问题，结合讲授研究物理问题的基本方法。例如，我们研究物理现象及其规律首先要确定研究对象，这就涉及如何建立理想模型问题，诸如质点、理想流体、理想气体、点电荷、完全弹性体、简谐振动等。因此可结合向学生介绍什么是理想模型。又如，类比是科学地认识自然的重要方法，它是立足在已有知识的基础上，为进一步认识事物的一种有效的试探性方法，它往往是探索新知识的先导，是科学假说的前提，培养学生具有这种思维素质是很有好处的。类比也可用于教学上，教学中恰当地类比，可少费口舌，化抽象为具体，使新知识有似曾相识的亲切感，但又不是重复，从而激发学生的兴趣。例如讲电势概念时与电场强度的引入作类比。

（2）结合物理规律的研究，介绍总结物理规律的方法。（1）规律的总结一般都是在观察与实验所提供的可靠的资料及实验数据的基础上，运用分析、综合、归纳、演绎、数学运算、猜测等多种方法而获得的。第谷毕生的精力都用于观察星体上，积累了750个星体的丰富资料，但仅是一堆可靠的确切的资料而已，并不能说明天体运动的规律，更无法根据这些资料作出科学的预见。后来，开普勒经过9年艰苦的研究，运用猜测、类比、假设、计算等各种方法，终于在杂乱无章的数字资料中找出了规律，总结出了开普勒三定律，从而为天体的运行"立了法规"。（2）总结规律要遵循简单性原则，这也是物理学的美学原则之一。物理学史表明，科学家都十分注意用最简单的公式来表示客观规律。例如，牛顿只用了几条简洁的定律，就概括了物质世界纷繁的运动现象，完成了物理学史上伟大的综合。相对论之父爱因斯坦说："我们在寻求一个能把观察到的事实联结在一起的思想体系，它将具有最大可能的简单性，我们所谓的简单性，是指这体系所包含的彼此独立的假设或公理最少"。又如人们在研究光的折射现象时，发现折射角随着入射角的改变而变。（3）讲清楚在总结规律时容易出现的错误。谬误无所不在，无孔不入，没有一种方法是万无一失的。科学家在总结规律的过程中，也常常出现一些错误。例如对直观感觉的材料不作理性分析就会导致错误。因为自然规律总是隐藏在事物的大量现象的背后，有的现象反映了事物的本质，有的却是事物的假象。假象是事物易消失的偶然或次要因素的反映，如果不加分析，单凭直觉出发常会得出错误的结论。亚里士多德关于运动的理论，就是犯了这种方法论的错误而导出的错误的结论。而伽利略能够不被表面现象所迷惑，对直观现象进行认真的理性分析，尽管他也是看到不同的物体在空气里下落有快有慢，但他同时还注意到不同的物体在空气里下落速度的差异比在水中小，因此他设想，如果介质越稀薄物体下落速度的差异就越小，因此他推论"在一个完全没有阻力的介质中，所存物体以同一速度降落"。又如，盲目地根据一两个实验结果总结规律，往往造成谬误。研究楞次定律时，在实验中，两次向线圈中插磁铁、结果线圈中感生电流的磁场总是使线圈上端的极性与磁铁下端的极性相同，如果据此我们总结规律："感生电流的磁场方向总是与原来磁场的方向相反"（这是学生在应用楞次定律时常出现的错误）。这显然是不对的。

（3）结合介绍物理学家及物理学史上的重大发现，介绍物理学方法的综合运用。物理学史已经充分证明，每一项重大发现往往都是各种物理上方法综合运用的结果。例如在讨论自由落体运动时，可以结合教学伽利略的方法论去做。大家知道，伽利略在物理学史上占有重要地位，被后世誉为"近代科学之父"，这不仅与他在科学上的伟大成就有关，而且与他在科学方法上的革命性转变分不开。正是由于他在科学方法上的创新，引导自然科学走上了正确的道路。伽利略创立的科学实验方法，改变了从直观感觉或臆想出发纯粹逻辑地推演出结论的思辨方法，强调对直观感觉材料要作理性分析，要由实验检验。他非常重视观察和实验，制造出望远镜对星体进行观察；为了证实重物下落不比轻物快的结论。他亲自登上比萨斜塔做自由落体实验；做外面实验时没有准确的计时工具，就用自己制造的水漏计时。伽利略十分重视数学的作用，把它作为描述自然界的语言，使自然科学不仅停留在定性叙述上，而且开始迈进定量表示的阶段。同时又把它作为推理的工具，使自然科学能确切地预言新的事实，他把实验与数学紧密结合形成了实验—数学方法。他为了证明自由下落加速度为常数（在当时是很困难的，因为很短，很小，很难测试），于是他借助于数学，根据 h = 平均速度时间，欲证 a 为常数，可转化证明为常数，显然 h 与 t 比、易测定，很巧妙！伽利略还把实际的实验与理论思维紧密结合起来，形成一种新的方法—理想实验的方法。并用此法导致了惯性定律的发现。这种方法使逻辑推理有了坚实的实验基础，既改变了过去纯粹逻辑推时的思辨方法，又克服了只重经验、归纳的片面性。

（4）挖掘教材中的方法论思想。教材不可能完全按科研的程序去编写，因此教材中的一些方法论思想还要靠我们有意识地去挖掘。例如初中物理"测量"这部分教材就包括着丰富的方法论思想：测量本身渗透着等效的观点（做测物体的长度与当作标准的尺的几倍相当）；测量特殊形状物体的尺度（如圆锥体的高）

运用几何图形的方法；测量很薄的纸张的厚度）在本很小的物体的质量或者是很细的金属丝的直径采用了积分求和之后再求平均的方法；而测量曲线的长度则是利用了以直求曲的方法，贯穿着微分求和的思想。在研究密度、比热容、电阻等表征物质特性的量的实验时，采取了对比实验的方法。运用微小压强计测压强或者运用细管中小液注的移动来观察气体受热后的膨胀现象，则是利用了"广义的放大法"来提高演示实验效果的明显性。

（5）注意吸取和介绍一些新的方法论思想，例如系统理论的方法论思想。所谓系统方法，就是按照事物本身的系统性把对象放在系统中加以考察的一种方法；即从系统的观点，始终着重从整体与部分之间，整体与外部环境的相互联系、相互作用、相互制约的关系中，综合地、精确地考察对象以达到最佳地处理问题的一种方法。它的基本出发点就是把整体作为研究对象，这给我们提供了研究问题的有效方法。例如：有甲乙丙 3 种液体，其质量分别为 m_1、m_2、m_3，温度分别为 t_1、t_2、t_3，如果将它们混合在一起，试求达到平衡时的温度。按照一般教材中介绍的热平衡方程，需要分两步计算，即先计算甲乙混合后的温度，然后再与第三种混合，这样要列两次热平衡方程，而且实质上是把本来同时进行的过程，人为地分解成了分先后的过程（当然从等效的角度看也是一样的）。如果按系统论观点，把这 3 种液体混合作为一个孤立系统对待，与外界不进行热交换，那么可列方程反映了系统内高温物体放出的总热总等于低温物体吸收的总热，吸热与放热的代数和为零。这样去处理问题就方便得多了。

介绍物理学的失败方法。人们总是希望成功。但实际上，在物理学的研究中，当人们带着现有的知识去开拓新的处女地时，由于种种条件的限制，首先遇到的往往是无情的失败。物理学史表明，物理学大厦并不都是成功者创造的，它是成功者与失败者共同建造的。因为，从某种意义上讲失败也是成功。爱迪生为了寻找一种合适的灯丝，试用了 6000 多种材料，在这里只能确定某种材料不适合作灯丝，本身不既是失败也是成功吗？所以爱迪生说："失败也有我需要的。它和成功对我一样有价值，只有在我知道一切做不好的方法之后，我才能知道做好一件工作的方法是什么。"英国物理学家、化学家戴维说："我的那些主要的发现是受到失败的启示后得出的。"因此，能发现错误并做出反应从而获得成功，是一个训练有素的物理学家的标志。我们可以把一个理论的探讨或发明的过程归结成：研究的失败——失败的研究——研究的成功。显然，没有对于失败的研究就不会有研究成功。美国麻省理工学院有专门研究失败的研究所，并给学生开设了相应的课程，这是很耐人寻味的。因此我们应该向学生介绍一些科学家研究过程中的失败。又如，伦琴发现 X 射线之前，X 射线已多次出现在一些物理学家面前，但是都没有引起他们的注意，直到 1895 年，当伦琴用阴极射线放电管做实验时，无意将一包照相底片放在附近，发现底片"跑光了"，引起了伦琴的注意，穷追下去，终于发现了 X 射线。于是，我们从中悟出一种方法：在从事科学研究中，要注意通过观察，揭示隐藏在"区区小事"或者"普遍现象"中的秘密，从偶然的机遇中，追求必然的结果，这就是科学研究中的"机遇法"。

第五节　中国文化精粹

文者圣说之理，化者育明之归。身为中国人中华子，不知中国文化，不懂中国文化，不信中国文化，不用中国文化，这是最大的种族之悲，最大的种族之违。正是这一学习中启示的自愧，才更加感恩中华圣祖，更加倍当珍惜和奋进。原来人类追求的文化只在过去、只在祖承，而决不在未来、决不在重造；未来的全部"文明"只不过是重新认识回归到开始出发的原点。正是这一始与归的不二原点，亦名本体，才是所有文化不变的圣明、不变的方向和准则、不变的追求和终极、不变的文化全程传承之脉和根。所以，凡是离开本源取向、本源明承的理和论，都不可称名文化，更非盗用文明之称。因为离开了本源取向、本源明承，都不过是借以文明的文执、文封、文以己、文不化。正确理论的心旨全是在为引导寻归原始本明，进行着良心的解读和注脚。所以，在文化混惑颠倒中，必须明确定义中国文化是以道为本体根承、本体解读、本体运用的全维实体文化。这决不可是意志的行为，而要尊重人类文化本体不可抗拒、不可改变的自然系。从印证的角度，现代认识模式匡定为宇宙观、社会观、人生观3个域次，并且三域之中有世界，宇宙才包罗了一切的域世界、一切的域层次。宇宙之内的观域间，且又人生在社会、社会在宇宙，故只有宇宙观内的社会、人生、万物才根本才全面，才能究竟真实可靠。所以在一切智中，学习了解宇宙本体智至关重要、至关根本、至关可靠，至关是理一切文化的文化、明一切现象的现象。三观中，人类的有史记载，老子、释迦是宇宙观者；墨子、孔子、马克思是社会观者；基督、伊斯兰为人生观。三观不二道，三观一实体。都分别在人类的不同历史阶段、不同域界层面起到了不可磨灭的相应进步作用；都是以道为不可抗拒本体的人类文化相应探索部分；都应理所本当的亲如手足、共识本体、开放互通、平等共济，人类道德大同的新天、新地、新人文。从人类历史的全部文化争斥裂执中可知，文化不可没有本体不变的法则主导，不可没有本体不变的法则支撑，不可没有本体不变的法则统一。因为本体不明就是根本不明，就无法透彻宇宙、社会、人生、万物的始末和其中的全部运；就无法获取根本可靠久远的取向和准则。故尔才形成了不一而执、不一而裂、似明非明争东西的争局面。正是基于这一认识根本依据、准则的需要，西方文化欲在精神、物质与神之间凿证其一，但唯争执论的结果，都找不到能说明宇宙万物始末的根本据，于是聪明的黑格尔首先以辩否定了精神与物质的唯依存在地位，使西方文化陷入不确定存在本体的必然困斗之中。

1. 中国文化的本体

本体是文化赖以生存发展的本源，是理论信仰的依据，是行为取向的准则，是文者境界品性的展放。而且无论有意本还是无意本，无论明还是不明，无论是局还是代，都必定潜在其本，承本而运。历史上的文化之本，大体有地心说、日心说、神说、上帝说，精神说、物质说、伦序说、无产阶级说。虽然各说不一，其境有别，但凡是教人向善、益人解惑的文化都具有其本性的道德特征。并在其生存发展中，凡是本处开放探索状态的就能自展进步空间；凡是本处封建排他状态的就只能是在自取无信而衰败。现以基督教为例，此教以帝为则规范言行、取谦让之柔施爱世人，鼎盛西方，长行于世。仅此时间、范围、适应上就当于学于赞于取其长。至于多元中现代疾速严重普遍的扭曲现象，于此捧读老子或易解、或易承、或易信、或易复中华之明。引证以上各说本的不一和未至、甚至局本不明，从中当知文化之惑之裂的所在。此当问茫茫大宇，只有中国老子达境独明，向芸芸开示了宇宙、社会、人生、万物、万象之永恒本。

2. 中国文化的主体与辅体

大道似水水自流，海纳百川川自归。道化源源出，道明源源归。冬夏寒暑，潮汐起落，福祸因果，周期运变。我们看历史、看大潮，正是关键节点上的生活、行为决定离不开规律法则的大概念。要深知物竞终由天律择，要把住适者自有道中来。中国人、中国文化、中国现象的玄妙很深，一定要捧起中国文化有无深深的双自觉。只有知的越深，才能晓得越及，才能看清中华大地文化之归的大潮之宏伟、之壮观、之因为和所以，才能不逆律而倒、违律而败，才能中国文化主次自白。中国是多元并包团结共识的中国，从道德之无为源，以道释儒为主体，以其小无内、其大无外、其上无止、其下尽普，包容一切多元进步，同时也包容一切善恶清浊，为中国文化亦为人类文化的整体和实体。其理就在律中律、派内派，世界 70 亿心识、70 亿行为。善也如斯、恶也如斯、草也如斯、人也如斯，统统都在证明一个规律、一个不变的本体。故文化的至明就明在以阅众甫，始末尽彻。

3．中国文化的地位

文化是一个整体无限的宇宙认识系。其中万象不同层次、不同境域、不同见识说。文化是一座无限层层自然堆成的金字塔，从无到层层有，从虚到层层实，从明到层层浊。塔中自有无量塔，无量塔境无量说。山上山下两境见，芸芸众生芸芸心识别。无限源于本，万化依于体。文化就是在寻觅，就是寻觅绝对不变真理的种种山上山下境界见。其中，正是人们欲识分别记忆比较的执定位作用，使时空只具象极不具本体的被固化为"准存在"，从而使我们生活认识在记忆比较的僵硬不动坐标中。爱因斯坦，由于其专注成习的德之厚，使其在深度专念中失去自断了记忆固化参照系的作用，因而进入了冥想的广义相对时空中。于是记忆时空单位标量被恍兮惚兮的淡化自微，甚至可以消失无存。随着欲执参加系的递微，使觉悟速 v 趋向无限大，于是由公式 $s = vt$ 可知，其结果是时间和空间都趋于零。这就是爱因斯坦证明的时空隧道，这就是爱因斯坦证明的无欲执参照系障阻状态。人的觉知速将趋于无限大，并可能和存在时空双零的原点。于是这个点就是中国道文化的道生之一，就是无极，就是人类文化金字塔的顶极之无。此时空之归，亦既一切文化所觅绝对真理之在，且此在，正在中国道文化之中。

文化源道而发，生命沿息无不从属某属性文化。所以文化现象是众心识的聚合、是众灵魂的聚合、是众因缘作用必然的聚合。它不但运载着原始的精神，同时也运载全程无量施信的意志和能量。所以，认识深刻普渡，博爱的认识文化现象、对待文化现象，不失为涉足人心的大德、大智和大计。因为文化表面的分歧只是现象，一旦深入到其中的深处，解读它的成因、依存因缘、生命活动周期使命定数，就会发现对于文化的多元行为决不能简单、决不能无知愚昧地激化促使反其生。而应立明高位从滋生依存的因缘上着手，积极团结共识引导，使其和而归、归而用。从根本理论出发，一种生命一种能量欲以彻底断灭止是根本不可能做到的。所以欲止的根本方法就只能落在引导和利用了。

4．中国文化的传承之归

传承是至关生命和文化存在与发展的决定之根。其理至深，其用甚伟。应予重点研究认证，以造福中华文明永续、造福中华民族之德永续。从宇宙规律的生序自控出发，传承是社会秩序决定性的内在。只有心信根承稳定有序、人于敦伦存分、宇系层层承承自展，才能从宇宙到社会、从事业到人生百脉皆通、景然而泰。中国道承复兴的工程巨大，其巨在惑阻，其易在一明。理当从主端老子和《道德经》复起，一起具动，思变而更新；基从家祠而实，形成上信下孝、东方中华之大气候、大环境、大文明。

5. 共建中国文明的人文新气候新环境

21 世纪，实际就是人类中国文化的新世纪，并且这是唯一的选择。同时更是中国人使命、中国人责任、中国人出路、中国人走向人类世界性崛起的根本和所在。"道，可道，非常道。名，可名，非常名"。宇宙不可抗拒的道，法定着历史下行执右而坠，上行玄左行中而升，极反规律决定负于"梦寐以求"的东方终于吼出了"中华民族的伟大复兴就一定能实现"。屈辱与历炼，悲壮而豪迈，宇宙本体与规律万象交响，一个伟大的民族必须走在人类东归大潮的最前方。正是在猖獗沧丧、断承凄凉、民意怨声的紧急关口，一个"使命光荣责任重大"的声音开终了回荡。并以稳健的步伐领导中国而向世界，形成了以科学发展观为思想理论的时代性旗帜，实施着强劲有力的中国特色社会主义全新思维理念道路。核心"以人为本"决非一般，而是明确全部思想理论道德为人的定位、中国文化的定位、中国心的定位，更是整个科学发展观全部思想理论的特色之本、目的之本、行为之本。只有中国心才是中国行，只有中国心才能创造出中国文化源源的特色和文明。所以，学习全观必须重在深刻解读"以人"和"为本"

的切妙之用、深刻之理、统论之要。以人不以己是一切理智自尊自爱创建自命本必学、必立、必用的真明之心、造福之心。

6. 民俗传统文化

中国传统节日及与节日相关的风俗、诗歌，中国文学的基本常识及历代著名文人及其重要代表作品是考查的重点。考查的方式不仅有传统的记忆，还包括对中国文化与中国文学的分析、鉴赏，这就需要考生在复习过程中要扩展知识面，将文化与民之生活节日融为一体，使之久传。更体现出和谐文化的具体行为。融会贯通，学以致用，传以至久。

春节——此节乃一岁之首，是我国传统习俗中最隆重的节日。古人又称元日、元旦、元正、新春、新正等，今人称春节，是在采用公历纪元后。古代"春节"与"春季"为同义词。春节习俗一方面是庆贺过去的一年，另一方面又是祈祝新年快乐、五谷丰登、人畜兴旺，多与农事有关。迎龙舞龙是为祈求龙神保佑、风调雨顺；舞狮源于威慑糟蹋庄稼、残害人畜之怪兽的传说。随着社会的发展，接神、敬天等活动已逐渐淘汰，燃鞭炮、贴年画、贴春联、耍龙灯、舞狮子、拜年贺喜等习俗至今仍广为流行。

除夕——农历十二月最后一晚，家家摆上丰盛的菜肴，全家团聚吃"年饭"。此夜大家通宵不眠，或喝酒聊天，或猜谜下棋，嬉戏游乐，谓之"守岁"。零点时，众人争相奔出，在庭前拢火燃烧（古称"庭燎"，取其兴旺之意），并在这"岁之元，月之元，时之元"的"三元"之时抢先放出 3 个"冲天炮"，以求首先发达，大吉大利。此时，爆竹声、欢叫声响成一片，一派"爆竹声中除旧岁"的景象。

三元节：

正月十五——上元节、观灯、扭秧歌

七月十五——中元节

十月十五——下元节

寒食——我国民间传统节日。在冬至后的 105 天或 106 天，在清明前一二日。节日里严禁烟火，只能吃寒食。相传，春秋时晋公子重耳流亡在外，大臣介子推曾割股啖之。重耳做国君后，大封功臣，独未赏介子推。子推便隐居山中。重耳闻之甚愧，为逼他出山受赏，放火烧山。子推抱木不出而被烧死。重耳遂令每年此日不得生火做饭，追念子推，表示对自己过失的谴责。因寒食与清明时间相近，后人便将寒食的风俗视为清明习俗之一。

清明——我国民间传统节日。此时天气转暖，风和日丽，"万物至此皆洁齐而清明"，清明节由此得名。其习俗有扫墓、踏青、荡秋千、放风筝、插柳戴花等。历代文人都有以清明为题材入诗的，例如，杜牧的《清明》、宋之问的《途中寒食》及黄庭坚的《清明》等。

端午——我国民间传统节日，又称端阳、重午、重五。端午原是月初午日的仪式，因"五"与"午"同音，农历五月初五遂成端午节。一般认为，该节与纪念屈原有关。屈原忠而被黜，投水自尽，于是人们以吃粽子、赛龙舟等活动来悼念他。端午习俗有喝雄黄酒、挂香袋、吃粽子、插花和菖蒲、斗百草、驱"五毒"等。

七夕——我国民间传统节日，又称乞巧节。相传每年七月初七晚上，织女与牛郎将在鹊桥相会，妇女趁织女与牛郎团圆之际，摆设香案，穿针引线，向她乞求织布绣花的技巧。秦观的《鹊桥仙》、杜牧的《七夕》、《古诗十九首·迢迢牵牛星》等都是咏诵七夕的名篇。

中秋——我国民间传统节日，又称团圆节。农历八月在秋季之中，八月十五又在八月之中，故称中秋。圆月带来的团圆的联想，使中秋节更加深入人心。唐代将嫦娥奔月与中秋赏月联系起来后，更富浪漫色彩。中秋节的主要习俗有赏月、祭月、观潮、吃月饼等。历代诗人以中秋为题材作诗的很多，主要有李白的《月下独酌》，苏轼的《水调歌头》、《中秋月》，王建的《十五夜望月》，米芾的《中秋登楼望月》等。

重阳——是中国民间文化应用之一，与自然和谐的行为。《易经》将"九"定为阳数，两九相重，故农历九月初九为"重阳"。重阳时节，秋高气爽，风清月洁，故有登高望远、赏菊赋诗、喝菊花酒、插茱萸等习俗。咏诵重阳的诗歌主要有毛泽东的《采桑子·重阳》、王维的《九月九日忆山东兄弟》、李清照的《醉花阴》、王勃的《蜀中九日》等。

二十四节气——我国古代历法的重要组成部分。古人根据太阳一年内的位置变化以及所引起的地面气候的演变次序，把一年365 日的天数分成24 段，分列在12 个月中，以反映四季、气温、物候等情况，这就是二十四节气。每月分为两段，月首叫"节气"，月中叫"中气"。为了便于记忆，人们编出了歌谣："春雨惊春清谷天，夏满芒夏暑相连，秋处露秋寒霜降，冬雪雪冬小大寒。"夏至白天最长，冬至白天最短，因而古人称夏至、冬至为至日。

四时——指春夏秋冬四季。农历以正月、二月、三月为春季，分别称作孟春、仲春、季春；以四月、五月、六月为夏季，分别称作孟夏、仲夏、季夏；秋季、冬季以此类推。

干支——天干地支的合称。天干：甲、乙、丙、丁、戊、己、庚、辛、壬、癸；地支：子、丑、寅、卯、辰、巳、午、未、申、酉、戌、亥。十干和十二支依次相配，组成60 个基本单位，古人以此作为年、月、日、时的序号，叫"干支纪法"。

永字八法——"永"字具有汉字的8 种基本笔画：点、横、竖、撇、捺、折、钩、提。

阳文阴文——我国古代刻在器物上的文字，笔画凸起的叫阳文，凹下的叫阴文。

五声——也称"五音"，即我国古代五声音阶中的宫、商、角、徵（zhǐ）、羽5 个音阶。

文房四宝——旧时对笔、墨、纸、砚4 种文具的总称。

书法——中国传统艺术之一，是以汉字为表现对象、以毛笔为表现工具的一种线条造型艺术。汉字经历了篆、隶、楷等发展阶段，技法日精，在文字书写的点画篇章之间，表达出作者的性格、情感、意趣、素养、气质等精神因素，遂成为一门独立的艺术。用笔、结构、章法为书法之大要。从商周甲骨文、两周金文、秦篆、汉隶，以及魏晋到唐宋楷、行、草，书体繁复，流派众多，涌现出了王羲之、颜真卿、怀素等伟大的书法家，留下了《兰亭序》、《自叙帖》等珍贵书法遗产。

岁寒三友——指古诗文中经常提到的松、竹、梅。

花中四君子——指古诗文中常提到的梅、竹、兰、菊。

养生技术——导引养生、太极养生。

第六节　演讲与辩论

林肯的演说，简洁、精当、有力，历来被称为"演说史上的珍品"。在不到250个英文单词的演说里，演讲者竟能起承转合，在立国之本的基础上肯定了南北战争的伟大意义，热情讴歌了勇士们为自由民主而献身的精神，鼓舞活着的人完成烈士们未竟的事业，勉励他们为民有、民治、民享的政治理想而奋斗。7月4日，葛底斯堡战役胜利，11月9日葛底斯堡国家公墓落成。落成典礼的主题应该是纪念烈士，庆祝胜利，但林肯的演说并没有直接悼念烈士，而是首先回忆87年前先辈们的立国之本——"奉行一切人生来平等的原则"。这是"起"。

从立国之本的高度来看待南北战争和葛底斯堡战役，来缅怀牺牲的烈士们，引导听众超越一场战役去思索其背后所蕴含的伟大意义。战争是为了"孕育于自由和奉行一切人生来平等原则的国家""能够长久存在下去"，烈士们是"为使这个国家能够生存下去而献出了自己的生命"，葛底斯堡则是这场战争中的一个伟大的战场，并且因勇士们的奉献而被神圣化了。这是"承"。

在这个意义上，林肯给予了烈士们很高的评价：他们是为国献身；他们圣化了这个伟大的战场；全世界永远不会忘记他们所做的事。而在这里的集会和演讲，相对于勇士们所做的事，是微不足道的，也是远远不够的。活着的人应该以行动来继承和发扬烈士遗志——"倒是我们这些还活着的人，应该在这里把自己奉献于勇士们已经如此崇高地向前推进但尚未完成的事业""把自己奉献于仍然停留在我们面前的伟大任务"。这是"转"。

最后，林肯要求听众们汲取烈士们更多的献身精神，完成他们的遗志，不让他们白白牺牲。这样，烈士们之所以献身，是要使"孕育于自由和奉行一切人生来平等的原则"的国家能够长久存在下去，而我们也是要使"这个民有、民治、民享的政府永世长存"，照应了开头的立国之本，政治理想与立国之本相一致，这是"合"。

在短短两三分钟的演讲里，能包含如此完整的意思，能具有如此顿挫的表达，实属罕见。这篇演讲词情感真切深沉，语言简洁凝练，催人奋进。有人评论说："像一首凝练的史诗，真挚，深沉，意蕴无边。"

可借鉴的技巧：本文短小精悍，最值得借鉴的是其抑扬顿挫的节奏。林肯所着眼的不是一城一池的得失，而是国家的前途和命运。从这个高度上，他给予烈士以极高的评价；也从这个高度上，他肯定了无论活着的还是去世的勇士们的献身精神；同样，也是在这个高度上，林肯向人们发出了号召。

因此，这次演讲少了战争的杀伐之气，而具有庄严、肃穆之感。在具体行文上，这篇演讲层次非常清楚，衔接也非常巧妙。例如第 2 段里，林肯先点明是伟大的内战和伟大的战场，对烈士们英勇的献身精神予以高度评价。接着，演讲者从"我们"对"烈士"的"奉献"谈起，指出为烈士们修建国家公墓是"完全应该而且是非常恰当的"，这是一"扬"；紧接着却是一"抑"："我们不能够奉献，不能够圣化，不能够神化"，一连用三个"不能够"，会引起听众强烈的反应；然后一"解"：那些勇士已经将这片土地"圣化"了，我们所做的是很微不足道的。在这一"扬"一"抑"一"解"间，听众的心便被紧紧地抓住了。而且，林肯还在"不能够奉献"后面加了"不能够圣化（consecrate）"与"不能够神化（hallow）"，既把文义引向深入，同时也为评价勇士作了铺垫；在对勇士进行评价的时候，一个插入语，"活着的和去世的"，把活着的人与牺牲的勇士联系起来了。这些，又好像顿挫间的润滑剂，在不知不觉间将听众的思索引向深入。然后，谈到了演讲，认为无论演讲还是典礼都无法与勇士们在这里所做的牺牲相提并论。这仍是对上文的承接，但已为下面"转"做好了准备。一个"毋宁说"，把原本的悼念与缅怀，转为对奉献行动的动员。至此，林肯的真意才表达出来，余下的就是迅速推向深入，并照应主题了。

"文似看山不喜平"，演讲也是如此。与写出来的文章能反复阅读不同，演讲是一个即时性的说话活动，除非借助记录手段，是无法反复欣赏的。如果太过平铺直叙，很难让听众长时间地保持高度注意。因此，采用一些技巧，适当来些文义上的抑扬顿挫，调动听众紧随着演讲的思路，是很必要的。

关于欣赏借鉴：

1. 这篇演讲词的开场白在整篇演说词中起的作用，开头和结尾前后呼应

这篇演讲词的开场白，并没有直接称颂葛底斯堡战役及勇士们的壮举，而是从立国原则谈起，谈到了南北战争的伟大意义。这么做，与其说是宕开一笔，不如说赋予了葛底斯堡战役及勇士壮举以更大的背景，更深远的意义；这么做，也就使得牺牲者的伟大奉献与活着的人的奋斗目标获得了统一。这个开场白，也是林肯这次演说的理论基础与发展主线，贯穿全篇。开头谈的是"一切人生来平等"的立国原则，最后归结到了"民有、民治、民享"的政治理想。开头揭示牺牲者的献身意义，最后提出活着人的奋斗目标，前后所体现出的精神实质是统一的。

2. 这篇演说历来被称为"演说史上的珍品"，它的魅力无穷

这篇演说之所以被称为"演说史上的珍品"，主要是因为在短小的篇幅内以精当的语言表达了丰富的内容。这篇演说的原文共 10 个句子，不足 250 个单词，但是，其内涵却极为丰富。林肯并没有像一般的演说者那样，仅从一场战役的胜利去鼓舞士气，而是上升到了"人生而平等"的立国原则、国家的前途和命运的高度进行评论，发出号召。与其说这是一次演讲，不如说是一篇政治宣言，是一篇号召全体国民为了"使这个民有、民治、民享的政府永世长存"而全力奋战的宣言书。同时，这篇演讲词处处洋溢着炽烈而真挚的感情，极富有鼓动性。"我们从这些光荣的死者身上汲取更多的献身精神，来完成他们已经完全彻底为之献身的事业"，这是对生者的召唤与鼓励；"使国家在上帝的福佑下得到自由的新生，要使这个民有、民治、民享的政府永世长存"，这是对未来的坚定的信念。文章善于寓理于情，引起听众的强烈共鸣。

3. 关于应用尝试，以这篇演说为材料，可分小组进行模拟演讲练习。

（1）阅读深入理解课文，体会林肯当时的思想感情。

（2）注意处理好语气、语调。

（3）在体会演讲者思想感情的基础上，选择正确的势态语，增加表达效果。下面是一些基本的势态语，可参照使用。步入会场时，演讲者要态度谦和，步伐稳健，面带微笑。正式登台演讲

时，先向主持人点头致谢，然后从容地走上讲台，目光环视全场，之后开始演讲。演讲开始后，演讲者既要目光注视前方，炯炯有神地面对听众，还要不断地兼顾全场，了解观众的反应。手势也是常用的势态语。手势分为指示手势、模拟手势、抒情手势等类别，指示手势（指示事物的手势）和模拟手势（摹形状物的手势）在日常生活中使用较多，抒情手势则在演讲中运用较多。据林肯好友赫思登说，林肯对听众恳切地演讲时，那瘦长的右手自然有着动人的力量，一切思想情绪完全贯注在那里。为了表达欢乐的情绪，他常把双手手臂上举成50°的角，手掌向上，好像已抓住了他渴望的喜悦；而讲到痛心处，如痛斥奴隶制时，他则紧握双拳，在空中用力挥动。所有外在势态语的使用，都应从演讲内容出发，服务于演讲的需要。

第七节　法制教育

学校法制教育是学校德育的重要内容，是对学生进行社会主义民主法制教育，培养学生树立社会主义法律意识，增强法制观念的重要途径，是实现依法治国的百年大计。

当前，我国改革开放和社会主义现代化建设事业已进入了一个新的发展阶段，发展和完善社会主义市场经济体制，加强社会主义民主与法制建设，对学生的知识结构提出了新的要求，对学生法制教育提出了新的课题。由于种种原因，目前学校法制教育还不能适应形势发展的需要，与建设社会主义民主法制教育目标的要求还有一定的差距，青少年学生依法保护自己权益的能力比较弱，法制观念比较淡漠。近年来，青少年违法犯罪现象呈上升趋势，应当引起高度重视。各级各类学校，要认真总结前一阶段的法制教育工作，进一步探索新学期学校法制教育工作的新思路，推动学校法制教育工作上一个台阶。

学校法制教育工作主要是使中小学生初步了解一些与日常社会生活密切相关的法律常识，进行法制观念的启蒙教育，逐步培养学生分辨是非的能力，从小养成遵纪守法的好品德；小学法制教育主要是对学生进行社会主义民主现法制观念教育，使他们知道法律的作用，了解我国的法制的原则，帮助学生树立宪法权威的观念和依法享有公民权利、依法履行公民义务的观念，知道公民应依法办事，违法必受制裁，提高遵纪守法的自觉性，树立社会主义责任感。《宪法》、《教育法》、《国旗法》、《国防法》、《未成年人保护法》、《民法通则》、《刑法》、《治安管理条例》、《婚姻法》、《集体游行示威法》、《环境保护法》等全国人大常委会规定的全民普法教育内容均要在思想政治课中进行妥善安排。法制教育内容要注意从公民与法制关系等方面，对学生进行依法治国、依法办事及个人生活离不开法的教育。

以教学《中华人民共和国预防未成年人犯罪法》为例。

1. 《中华人民共和国预防未成年人犯罪法》规定

（1）未成年人的不良行为：(1)旷课、夜不归宿；(2)携带管制刀具；(3)打架斗殴、辱骂他人；(4)强行向他人索要财物；(5)偷窃、故意毁坏财物；(6)参与赌博或变相赌博；(7)观看、收听色情、淫秽的音像制品、读物等；(8)进入法律、法制规定未成年人不适宜进入的营业性歌舞厅等场所；(9)其他严重违背社会公德的不良行为。

（2）未成年人的严重不良行为："严重不良行为"，是指下列严重危害社会，尚不够刑事处罚的违法行为：(1)纠集他人结伙滋事，扰乱治安；(2)携带管制刀具，屡教不改；(3)多次拦截殴打他人或者强行索要他人财物；(4)传播淫秽的读物或者音像制品等；(5)进行淫乱或者色情、卖淫活动；(6)多次偷窃；(7)参与赌博、屡教不改；(8)吸食、注射毒品；(9)其他严重危害社会的行为。

2. 未成年人严重不良行为及相应的法规条款规定

（1）严重不良行为表现：纠集他人结伙滋事，扰乱治安。

有下列扰乱公共秩序行为之一，尚不够刑事处罚的，处 15 日以下拘留、200 元以下罚款或者警告：(1)扰乱机关、团体、企业、事业单位的秩序，致使工作、生产、营业、医疗、教学、科研不能正常进行，尚未造成严重损失的；(2)扰乱车站、码头、民用航空站、市场、商场、公园、影剧院、娱乐场、运动场、展览馆或者其他公共场所的秩序的；(3)扰乱公共汽车、电车、火车、船只等公共交通工具的秩序的；(4)结伙斗殴、寻衅滋事，侮辱妇女或者进行其他流氓活动的。

（2）严重不良行为表现：携带管制刀具，屡教不改、非法制造、贩卖、携带匕首、三棱刀、弹簧刀或者其他管制刀具的，处15日以下拘留，200元以下罚款或者警告。

（3）严重不良行为表现：多次拦截殴打他人或者强行索要他人财物，殴打他人，造成轻微伤害的，处15日以下拘留、200元以下罚款或者警告。敲诈勒索公共财物的处15日以下拘留或者警告，可以单处或者并处200元以下罚款。

（4）严重不良行为表现：传播淫秽的读物或者音像制品等。制作、复制、出售、出租或者传播淫书、淫画、淫秽录像或者其他淫秽物品的，处15日以下拘留，可以单处或者并处300元以下的罚款；或者依照规定实行劳动教养；构成犯罪的，依法追究刑事责任。

（5）严重不良行为表现：进行淫乱或者色情、卖淫活动。严厉禁止卖淫、嫖宿嫖娼以及介绍或者容留卖淫、嫖宿嫖娼，违者处15日以下拘留、警告。责令具结悔过或者依照规定实行劳动教养，可以并处5000元以下罚款，构成犯罪的依法追究刑事责任。

（6）严重不良行为表现：多次偷窃。

《治安管理处罚条例》第二十三条第（五）款：偷窃、骗取、抢夺少量公私财物的，处15日以下拘留或者警告，可以单处或者并处200元以下罚款。

（7）严重不良行为表现：参与赌博，屡教不改。《治安管理处罚条例》第三十二条第（一）款：赌博或者为赌博提供条件的，处 15 日以下拘留，可以单处或者并处 3000 元以下罚款；或者依照实行劳动教养；构成犯罪的，依法追究刑事责任。

（8）严重不良行为表现：吸食、注射毒品。《治安管理处罚条例》第二十四十第（三）款：违反政府禁令，吸食鸦片、注射吗啡等毒品的，处于 15 日以下拘留、200 元以下处罚或者警告。虽然我国法律规定对未成年人有一定的司法保护，但若 14 岁以上的未成年人有一定情节、后果严重、性质恶劣，已触犯了刑法和有关规定的，还是应该承担必要的刑事责任和处罚。

近年来，未成年人犯罪呈上升趋势，成为社会关注的焦点。为此司法机构将预防青少年犯罪作为法制宣传的重点，有针对性地开展工作。同时，鉴于青少年法制知识的匮乏和自我保护能力的欠缺，为此向社会和家庭提出倡议："青少年是人类的春天，在春天的世界里，要让沙漠变成珍珠，要让枯枝结出鲜果，保持青春应有的魅力，使青少年在全社会的关注与关爱中健康成长"。希望大家都来关心、关爱青少年的健康成长，着力培养他们的法制意识和自我保护能力，使他们免受不法行为的侵害。

搞好在学校的法制教育，是我国社会主义民主法制建设的基础性工作，是全社会的共同任务，各级党政领导要进一步提高对学生进行法制教育的重要性、必要性的认识，加强对学校法制工作的领导，支持开展法制教育工作，帮助解决工作中的困难和问题，切实并教育青少年增强法制观念和意识。

第八节　中国古代老子思想史

老子——中国哲学史上的一座孤峰

1. 老子其人

茫茫宇宙中，有一颗蔚蓝色的星球。那，就是我们人类赖以生存的家园——地球。自从人类诞生以来，我们就一直在这个美丽的星球上繁衍生息。可惜的是，长久以来，我们人类一直在为自己的生存而奋斗，只是到了大约2500多年以前的时候，我们才开始抬起头来，把关注的目光投向宇宙，思索自己从哪里来，到哪里去，思索人生，走向成熟。当时，在西方产生了柏拉图、弗洛伊德、亚里士多德等著名的思想家。这些西方的哲学家所处的时代，正是中国的春秋战国时期。公元前771年，周平王迁都洛阳，开始了中国历史上的东周时代。周王室衰微，诸侯相互争霸，人民流离失所。连年的战乱，残酷的现实，促使有文化知识的士人贵族开始对社会进行认真的思考，从而引发了一场思想的大爆炸，这就是历史上有名的"百家争鸣"时期。老子、孔子、墨子等一大批著名的人物，就诞生在这个时候。

因为老子生活的年代距今非常久远，又没有确切的历史记载，因此，关于老子的生平，人们只有根据史料上星星点点的记录，再加上当今学者的考查进行推测。据有关资料记载，老子，姓李，名耳，字聃（一说古有"老"姓，"子"是人们对人表示尊敬的称呼）。公元前 571 年，老子诞生在涡河北岸的宋国相地（《史记》中说生于楚国、陈国）。他的父亲早亡，出生以后没有名字，邻居们根据他的耳朵比较大的特点，给他取名"聃"，也就是耳漫、大耳垂的意思。有的书上说他一出生就是两耳垂肩，满头的白发，这显然是不符合事实的。又因为他出生的那一年是庚寅年，也就是"虎"年，在江淮之间把老虎称作"李耳"，他的老家曲仁里一带也把老虎称为"狸儿"、"李耳"（《通雅》卷四十六："虎，或曰'狸儿'，转为'李耳'"），因此，乡亲们便根据他的属相把他叫做"李耳、李聃"了。

据说，老子的几代祖先都是贵族，曾担任过各朝的史官。这样的家庭背景，对老子的成长起到了很大的作用。到了老子这一代，他的家境已经很衰落了。在族人的帮助下，他得以拜商容为师。后来，他做了东周的史官，阅读大量的书籍。老子从小就聪颖好学，善于观察，勤于思考，再加上饱读诗书，这些，都为他日后成为伟大的思想家、哲学家奠定了基础。

2. 以"道"为核心的哲学思想

东周末年，以分封制为基础的奴隶社会已不能适应生产力发展的需要，新兴的地主阶级迫切要求登上政治舞台。以周天子为首的奴隶主统治阶级，已无法控制整个社会局势，各个诸侯国之间相互武装割据，争夺土地的战争频频爆发。各种政治力量相互冲击、碰撞，重新组合，产生了"春秋五霸"、"战国七雄"等实力雄厚的诸侯国。他们虎视眈眈，都想逐鹿中原，在中国的政治舞台中占有一席之地。

老子所处的时代，正是中国四分五裂，战乱频仍的年代。当时以孔子为首的儒学思想，主张"克己复礼"，要求人们用礼仪约束自己的言行，以适应统治者。但是，那些诸侯列强，周朝的大贵族、大官僚，只是把礼仪作为争权夺利、尔虞我诈的遮羞布，疯狂地掠夺、兼并土地，剥削人民，使老百姓生活在水深火热之中。儒家思想，在社会现实面前，到处碰壁。

这些，促使老子对社会、人生及宇宙进行了深刻的思考，提出了以"道"为核心的哲学思想。

老子认为，"道"是世界的本源，它无处不在。"有物混成，先天地生，寂兮寥兮，独立而不改，周行而不殆，可以为天下母。吾不知其名，字之曰道，强为之名曰大"。用我们今天的眼光来看，老子所说的"道"，似乎应该指客观存在的规律。它是无声、无形的，看不见、摸不着的，但它又是确确实实存在的。老子认为，它是世界的本源，"天地万物生于有，有生于无"（这，大概就是"无中生有"一词的本意吧），"道生一，一生二，二生三，三生万物"。正是由于"道"的运行，产生了宇宙和万物。

社会的发展也有"道"，顺道而行，社会就昌盛发达；逆道而行，社会就会倒退，甚至发生战乱。因此，他主张统治者要顺应社会发展的规律——"道"，进行无为而治，不要过多地干扰老百姓的生活。他说：治大国若烹小鲜（河上公主：烹小鱼不去肠，不去鳞，不敢挠，恐其糜也）。又说：我无为而民自化，我好静而民自正，我无事而民自富，我无欲而民自朴。其政闷闷，其民醇醇；其政察察，其民缺缺。又说：太上，下知有之。其次，亲而誉之，其次，畏之。其次，侮之。信不足，焉有不信（焉，乃也）。犹兮其贵言（贵言，不轻易其言也。所谓"行不言之教"是也），功成事遂，百姓皆谓我自然。

"道"也运行于人本身，顺道而行，人就会身体康健，否则，就会发生疾病。人们要乐知天命，与世无争，修养其身，这样就会没有烦恼，社会也就就会相安无事，保持太平。

老子对于哲学的贡献，还在于他最早提出了"名"与"实"的概念："惚兮恍兮，其中有象。恍兮惚兮，其中有物。窈兮冥兮，其中有精。其精甚真，其中有信。自古及今，其名不去以阅众甫。吾何以知众甫之然哉？以此。"意思是说，物质世界的事物是客观存在的，然后，我们才能通过自己的感觉器官去感受它，认识它的本质。每种事物，都有整体和个体的区分。有时，虽然它的某个个体不存在了，但是这类事物还存在。我们是怎样认识这些事物的呢？就是根据存在于这些事物中的共性的东西。可见，老子已认识到了事物的整体与个体，事物的表征与本质的关系，也就是"名"与"实"的关系。

老子之前，中国的哲学思想还没有形成完整的体系，人们关于宇宙、自然的看法只是很零散地见于《诗经》等文学著作中。

人们对于事物范围的划分，也还十分的模糊，以至于老子在提出"道"的概念时，也无法准确地把它表述清楚："有物混成，先天地生，寂兮寥兮，独立而不改，周行而不殆，可以为天下母。吾不知其名，字之曰道，强为之名曰大。"意识是说，有一种东西，在天地还没有产生之前它就存在了，并不因为其他事物的影响而改变它自身，在天地间循环往复地运行，没有停止的时候，这是世界万物的本源。我不知道应该叫它什么，于是给它起了个名字叫做"道"，勉强给它起名字叫做"大"。

和孔子的学说不同，孔子要求人们严格地要求自己，审视自己的言行是否符合礼教的要求，要眼观乎心。老子要求人们不要限于俗世那么多的约束，追求真性情、真自我，追求自然，要节制自己的欲望，清净无为，自然就会抛开所有的烦恼，心胸怡然了。儒家的学说，是从外部的行为上来约束自己，而老子的道家学说，则主张修身养性，实现心灵的净化。

3. 老子学说的历史地位

任何事物的发展，都不是无因无果的，都是诸多因素发展到一定阶段的产物。在老子以前，中国的哲学思想尚处于萌芽阶段。这是因为，这以前的社会生产力还相当低下，人们大都在为生存而奔忙，根本无暇坐下来仔细地思考天地是怎样产生的，自己从哪里来，要到哪里去等这些抽象的问题。到了我国的西周时期，社会生产力已经有了很大的发展，铁器已在农业生产中得到了比较广泛的应用，生产的效率提高了，产品有了剩余，人们的生活质量提高了，精力旺盛了，便有机会来思考这些一直存在于人们头脑中而从来没有认真思考过的问题。再加上新的生产关系还未建立，旧的生产关系还未打破，新旧力量相互碰撞，引起了社会的激烈动荡，社会现实也在引起有知识、有文化的人们的思考。老子，便是第一个系统地思考这些问题、并提出自己主张的第一人。因此说，老子开辟了中国古代思想史、哲学史的先河，是中国哲学史的奠基人，是中国哲学史上一座前无古人的孤峰。

老子的学说对后来的哲学思想产生了极其深远的影响，形成了一门独立的学说——道教。到了唐朝的时候，文化大使唐玄藏出使印度，带来了大量的佛教文化。后来，道教、儒教、佛教相互影响，相互交融渗透，形成独特的中华思想文明的主流。

需要指出的是，在后来的发展过程中，有些道教的分支打着道教的名义，而实质已偏离了道教的本意，这些，都不能算在老子的头上。比如，后来的有些道士推崇采阴补阳，追求长生不老之术等等。

4. 用现代的眼光看老子

任何人都不能脱离他的时代而存在，我们看待老子及其道家学说，也应该采取历史的、辩证的眼光，去发扬其精华，剔除其糟粕。

老子认为，"道"是世界万物的本源，它先天而生，无处不在。这说明，老子已从朦胧中认识到了事物发展的规律性。但是，由于各种因素的限制，老子还不能准确地去表述它，而只能

"强名之"。

老子认为，社会之所以陷入混乱，一方面，是由于统治者对老百姓的干预过多，没有按照"道"的要求来行事。另一方面，是因为人们没有循道而行。所以，他提出了"无为而治"的主张，要求统治者不要过多地去干扰老百姓的生活。

面对现实生活中的苦难，儒教认为是礼教失存的缘故，要求人们要按照礼教来约束自己的言行，注重教化的功能。而老子则要求人们要乐知天命，要"无为"、"退让"，甚至要"弃智绝圣"，回到蒙昧麻木的状态。

从中我们可以看出，老子忽略了人这个客观因素在自然界、社会中的主观能动性。人和环境是相互依存、相互影响的。环境可以改变人，人也在无形中改变着环境，一味地强调其中的一个方面而无视另一方面，走向极端，都不是正确看待问题的方法。同时，我们还可以看出一个没落贵族面对剧烈动荡的社会变革的无奈：既然无力改变这个社会，只好把自己封闭起来，只好听天由命了，与其痛苦地面对现实，不如忽略现实的存在，像一个无知的孩子那样快乐地生活。老百姓的痛苦的生活都是统治者造成的，那么，统治者为什么要那样过多地去扰乱他们的生活呢？为什么不去"无为而治"呢？这是多么消极的思想啊！

5. 道学思想启示录

我们学习前人的哲学思想，目的在于吸收古人思想的精华，丰富我们的思想宝库，学习古人认识世界的方法，达到古为今用的效果。老子以"道"为核心的思想体系，对于我们今天认识世界和做人，都有十分重要的意义。

（1）"真性情"与"真自我"

从呱呱坠地开始，我们便在这红尘俗世中生活。小时候，我们是那么的天真，表现的是真实的自我，高兴了就笑，痛苦了就哭。星移斗转，我们一天天长大，当我们在为自己的成熟而暗暗欣喜的同时，却突然发现，我们已丢失了真正的自我：每天，我们要戴着各种各样的面具生活，明明高兴，却不敢喜形于色；明明痛苦，却非要强颜欢笑；我们为追逐名利而苦恼，为追求生存而奔波；我们为物质生活的日渐丰富而陶醉，却又为自己的精神家园一片荒芜而悲哀。有时，我们觉得自己就和为了生存而生存的动物们一样，迷失了人生的坐标，失去了生活的方向，只是在为了物欲、为了别人而活着。我们一直在追求真实自由的空间，却发现自己不得不套上一道又一道世俗的绳索……我们在心里一遍一遍地拷问自己：我们到底怎么了？是什么使我们丢失了"真性情"、"真自我"？

其实，早在2500多年以前，老子就说："五色令人耳盲；五音令人耳聋；五味令人口爽；驰骋畋猎，令人心发狂；难得之货，令人行妨；是以圣人为腹不为目，故去彼取此。"我们之所以丢失了真自我，是因为一己私利在我们的心中作祟，有所得必有所失，当我们为了自己心中的某些私利而投机钻营的时候，我们得到的是自己私欲的满足，丢失的是我们的本性，也就是真自我。

人都是在名利场中生存的，物质世界，是我们赖以生存的根基。但是，我们不能为名利所左右，所异化。面对名利、物欲的诱惑，我们应该有一个清醒的认识：看重名利，但不为名利所左右；追求物欲，但不为物欲所异化，追求一种自然恬淡的境界，把自己放在一个更宏大、更高远的境界去看待人世间的一切俗物。这样，我们就会抛开尘世的烦恼，找到真实的自我。当然，一个人最难以战胜的是自己，只有战胜了自己，才能达到人生的理想境界。

现在，我们正处在传统与现代接轨的时代，新观念、新思潮层出不穷，令人目不暇接、眼花缭乱。于是，我们在物质生活逐渐丰富的同时却迷失了自我，找不到人生的支点。为谁活着，为什么活着，这是我们一直在思考的问题。其实，越是在"乱花渐欲迷人眼"的时候，面对纷繁杂乱的社会，面对纷至沓来的各种诱惑，我们越是要守住自己的心灵空间，找到自己人生追求的目标，找到真实的自我。

（2）"有所为"与"有所不为"

"天行有常"，大自然界有它运行的客观规律，我们只有按照客观规律办事，才能得到发展。然而，认识到这一点，我们却经历了一个漫长的过程。我们曾毁林开荒，也曾退耕还林；我们在疯狂地猎杀动物，也在不断地设立生态自然保护区；我们曾偷偷地把废水、废气、废料排入大自然，我们也曾饱受酸雨的折磨。

天，不再是蓝的了；水，不再是清的了；地，不再是绿的了；人，不再是健康的了。大自然，一次又一次地向我们敲响了警钟。如果我们一意孤行，到最后毁灭的，只能是我们人类自己。

怎样才能成为一个成功的管理者？2500年前的老子已给了我们一个明确的答案——"有所为"而"有所不为"：为学日益，为道日损，损之又损，以至于无为。无为而无不为，取天下常以无事；及其有事，不足以取天下。

据1985年5月8日《光明日报》的一篇报道载，"治大国，若烹小鲜"，已被载入1987年美国政府的《国情咨文》中。世界第一号强国也认识到了这一思想的重要性，那么，这一思想的妙处在哪里？为什么它有如此妙处？

"十年动乱"期间，我们国家动不动就要搞运动，结果搞得人人自危，夫妻反目，父子成仇，人们无法把精力集中到经济建设上，国家的生产到了几乎崩溃的边缘。现在，我们国家认识到了稳定的重要性，提出了改革发展稳定的方针，"稳定压倒一切"，我们党把精力集中到了经济建设上，国家的综合实力增强了，国际地位提高了，人民的生活水平也有了很大提高。

当然，无为不等于不为，随着改革开放的逐步深入，多元化文化的影响日益突出，一些消极的影响也不应忽视。价值观、人生观教育，社会主义荣辱观教育，正是有所为而有所不为的表现。

对于一个国家是这样，对于一个单位也是这样。作为单位的管理者，要树立科学的发展观，注意政策的稳定性，不能朝令夕改，使人们无所适从。还要注意工作的有张有弛，在紧张的工作之余使自己的员工有自己一定的自由空间。要善于区分工作的轻重缓急，善于抓大放小，使全体的员工都能够人心所向，形成一个理想的合力。仅仅有规章制度和约束是不够的，还要注意做深入细致的思想政治工作，解决员工的后顾之忧，调动员工的积极性，使人尽其才、物尽其用。这样，单位的发展就会蒸蒸日上。

我国山东鲁南化肥厂，1987 年全年亏损 452 万元，从厂长到工人都人心涣散，老厂长天天心急如焚，到处求爷爷告奶奶忙得不可开交。新厂长上任后实行"无为而治"，他谦虚地向人请教，反省过去失败的原因，发现主要的问题是头头既当婆婆又当妈妈，经常变动厂规，工人们无所适从。他上台后决心只当导演，从旁指导、开导和引导，让上上下下的人都成为工厂的演员，发挥每个人的主观能动性。厂长只是了解问题，但从不乱作指示。他把握全厂总的发展方向，但从不去干涉具体的生产过程。原先是厂长管大家，现在是大家促厂长；原先是厂长"为"而下层"无为"，现在成了厂长"无为"而中下层肯"为"。只一年工夫厂子就扭亏为盈，年上交利税 1000 万元。

他总结经验时说：只有厂长无为，工人才能有为。

海尔集团公司近几年得到了长足的发展，其中一个非常成功的经验就是把企业直接和市场接轨，使每个员工都感受到市场的压力。大家心往一处想，劲往一处使，使海尔电器成了畅销国际的名牌，还在美国建立了自己的工业园区。

日本的企业家们更是慧眼识珠，他们早就对无为而治感兴趣，"无为而治"的思想被广泛应用于企业管理中，并被称为弹性软化管理法。日本的许多大公司、大工厂总经理办公室里，都贴有"无为"、"清净"的箴言。

美国的贝尔实验室也以"无为而治"进行管理，取得了非凡的成功。

决策者的职责并不在于作具体的工作，而在于担任指挥者、导源的角色，在于为单位、企业制订科学的发展规划，调动方方面面的积极性，为企业、单位的发展创造一个良好的发展环境。

"古今多少事，都付笑谈中"。老子，作为中国哲学史的始祖，早已融入了历史的长河，然而，他的以"道"为核心的哲学思想，却穿越历史的长空，永远闪烁着耀眼的光芒。他，永远是中国哲学史上的一座孤峰。

为·师·授·业·丛·书

潘宏竹◎编著

授业篇：

校本课程的开发

下

中国出版集团

现代出版社

图书在版编目(CIP)数据

校本课程的开发(下)／潘宏竹编著. —北京：现代出版社，2014.1
(为师授业丛书. 授业篇)
ISBN 978-7-5143-2193-7

Ⅰ.①校…　Ⅱ.①潘…　Ⅲ.①中小学 – 课程建设 – 研究
Ⅳ.①G632.3

中国版本图书馆 CIP 数据核字(2014)第 018338 号

作　　者	潘宏竹	
责任编辑	王敬一	
出版发行	现代出版社	
通讯地址	北京市安定门外安华里 504 号	
邮政编码	100011	
电　　话	010 – 64267325 64245264(传真)	
网　　址	www.1980xd.com	
电子邮箱	xiandai@ cnpitc.com.cn	
印　　刷	唐山富达印务有限公司	
开　　本	710mm×1000mm　1/16	
印　　张	16	
版　　次	2014 年 4 月第 1 版　2023 年 5 月第 3 次印刷	
书　　号	ISBN 978-7-5143-2193-7	
定　　价	76.00 元(上下册)	

目 录

第二章　校本课程举例(下)

第九节　心海漫游 ……………………………………… 1

第十节　中国象棋入门 ………………………………… 13

第十一节　世界经典音乐赏析 ………………………… 19

第十二节　计算机网页制作 …………………………… 23

第三章　校本课程开发的具体实施

第一节　确定校本课程开发指南 ……………………… 25

第二节　实施课程纲要 ………………………………… 30

第三节　校本课程开发组织机构 ……………………… 33

第四节　设计校本课程的基础 ………………………… 37

第四章　校本课程开发的各方努力

第一节　学校层面 …………………………………… 48

第二节　教师层面 …………………………………… 61

第三节　保障措施 …………………………………… 72

第五章　校本课程开发与完善

第一节　校本课程开发的目标 ……………………… 94

第二节　校本课程开发的方案 ……………………… 97

第三节　校本课程开发的方向 ……………………… 101

第四节　校本课程开发的策略 ……………………… 108

第五节　校本课程开发的反思 ……………………… 117

附　录 …………………………………………………… 121

第二章　校本课程举例（下）

第九节　心海漫游

从健康心理学的角度讲，一个人积极开展人际交往，处理好人际关系，有着十分重要的现实意义。和谐的人际关系，适当的交往能力以及观察能力、表达能力是人的心理素质的展示。在社会转型时期，在紧张激烈的社会竞争中，与他人的合作能力、协调能力都提到了前所未有的高度，开放的社会，要以开放的心态来面对人际关系。为此，学习人际交往、提高交往中的素质，已成为每个人的必修课。

任务一：了解人际关系对心理健康的影响。

任务二：了解交往分析理论的相关知识。

任务三：运用自我三层理论分析人际交往。

任务四：学会怎样建立良好的人际关系。

1. 交往是一个人健康成长的基本条件

马斯洛认为，人人都具有一种这样的基本需要：需要归属一定的社会团体，需要得到他人的爱与尊重，这些社会需要是与吃饭、穿衣等生理需要同等重要的不可或缺的需要，否则将是人丧失安全感进而影响健康。社会学与人类学的研究许多生物都会灭绝。马克思曾指出，人的本质是各种社会关系的总和。

（1）交往有助于增进交流，协调关系，促进健康，完善个性。许多人际交往理论强调交往的功利价值，比如社会交换理论、得失论等。日常生活中，人们对于人际交往重要性的理解，也多停留于这样一种实用主义的水平，"多个朋友多条路"是这样一种观点最通俗的注解。但是著名的人本主义心理学家罗杰斯（Rogers，C.）提出的人际关系哲学却强调人际交往对个体成长的意义。罗杰斯是基于自己的成长经验得出结论。罗杰斯出生于一个虔诚的宗教家庭，因为周围的邻居都是异教徒，所以从小罗杰斯就被父母关在家里，不让罗杰斯与邻居的孩子一起游戏，罗杰斯感到非常孤独。这样一种离群索居的生活使罗杰斯非常渴望友谊，在别人看来非常普通的人际交往，在他看来都非常珍贵。于是后来他创立了自己的人际关系理论，将人际关系上升为一种哲学。他认为，人与人的交往是可能的，人们不仅可以交流思想，而且可以分享许多隐秘的情感：对未来的梦想、内心的感受、隐秘的冲动……人际交往不仅是可能的，而且是有益的。通过沟通，可以相互启迪、丰富彼此人生；在友谊关系中，人们相互接纳及彼此探索，可以促进个人的成长，满足其自我实现的需求。

（2）人际关系也是治疗心理障碍的重要资源。对于各种严重的精神障碍及心理危机的干预，虽然方法不同，技术各异，但都有一个共同点，都需要配合以支持性的治疗。所谓支持性的治疗，最重要的是来自周围亲人与朋友的关系和理解。如：当你感到悲观失意、抑郁不快时，有亲人的安慰与关怀，你会感到精神的慰藉与支持；相反，如果亲人冷言冷语，也许会使你跌入失望的深渊，甚至走上轻生的绝路。

2．人际关系的种类与结构

（1）人际关系的种类。在人际交往中，按个人带有的动机和目的，可将人际关系分成 3 大类：

①出于包容的需要形成的人际关系。个体希望被他人信任和接受，建立起彼此亲密和谐的关系，行为特征表现为主动的交往、沟通、相容、参与等。与此相反则表现为孤立、疏远、对立、退缩等。

②出于控制的需要形成的人际关系。个体需要保持自身的权利和威望而与他人建立、保持良好的关系，主要行为特征有影响、控制、支配、领导等。相对应则表现为抗拒权威、忽视秩序。

③出于感情的需要形成的人际关系。个体希望与他人进行

情感的交流而形成的关系，行为特征表现为喜欢、友善、同情、亲密、热心等。相对特征表现为憎恨、厌恶、冷淡等。根据其他分类标准还可将人际关系分为个体的和群体的人际关系、纵向的与横向人际关系、稳定的与临时的人际关系、积极的与消极的人际关系等类型。

（2）人际关系的结构。人际关系的结构是指构成人际关系的心理成分及其相互关系。组成人际关系的心理成分主要有以下3项：人际关系是多种因素的复合体，其基本成分包括认知、情感和行为。

①认知——人际关系建立的前提和基础。人际关系从人与人的相互认识和了解开始，认知是其形成、发展和改变的前提与基础。

②情感——人际关系的核心因素。人际关系状况以各种情绪情感体验为特征，如喜爱与厌恶、尊重和鄙视等。情感体验的性质是直接导致人际关系状况的决定性因素，因此情感是人际关系的核心要素。

③行为——人际关系的表现方式。人际关系的建立要以各种交际行为为基础，人们在交往中必须借助各种沟通方式来传递信息，这就少不了各种沟通手段的应用，如语言（包括语音、语气、语调等副语言）、表情、手势、身体姿态等行为。这些行为既是建立人际关系的条件，也是反映人际关系状况的重要依

据。认知、情感、行为这 3 个要素是相互作用、不可分割的一个整体。情感是在认知的基础上产生的,认知能唤起情感的发生,也能控制和改变情感的发展,情感又会影响和改变认知,而认知和情感因素都要通过行为表现出来。

3. 影响人际关系的一些因素

(1) 空间距离。空间距离的远近是影响交往的重要因素。一方面人与人之间在空间位置上越接近,越容易形成彼此间的亲密关系。空间距离的接近使双方相互交往、相互接触的频率不断增加,彼此间更容易熟悉。虽然地理位置并不是人际关系好坏的唯一决定因素,但"远亲不如近邻",空间位置接近的优势是存在的。另一方面距离的接近也可能增加冲突的机会,从而使关系破裂,所以,又有"远香近臭"之说。

(2) 交往的频率。交往的频率由见面次数的多少决定。交往是人际关系的基础,交往的频率越高越容易形成密切的关系,频繁的交往才能形成共同的语言、共同的态度、共同的兴趣和共同的经验。交往不足会使彼此冷落。

(3) 态度的相似性。"英雄所见略同"就是态度的相似性。对具体的事物有相同或相似的态度和体验,就是所谓的有共同语言、共同理解、共同信念和价值观,就容易产生共鸣,这时关系可能会更为密切。

(4) 需要的互补性。相互满足是形成人际关系的前提条件。

如果没有需要和满足要求的期望，空间距离再小，交往的频率再高，有可能导致"鸡犬之声相闻，老死不相往来"的情形。而一旦有了需要和满足需要的期望，空间距离即便大些，也可能是"天涯若比邻"。

（5）个性。人们的个性在很大程度上影响交往的态度、频率和方式。有的人不太愿意在外面交往，但有些人，比如信息者天生就是一个交流家，他愿意跟别人接触。除此之外还有一些其他因素影响人际关系的密切程度，比方说个人魅力、年龄的相似性、是不是有代沟、职业方面的特点、各自的地位、性别因素等。

（6）外貌。外貌是人际关系中一个非常重的砝码，对人际交往将产生明显的晕轮效应，即将外貌泛化，忽视许多其他方面的特征。但是这一点许多人不愿意承认，甚至要有意无意地加以掩盖，仿佛承认了这一点就意味着自己很浅薄。实际上，爱美之心，人皆有之。漂亮的外表对任何人都具有不可抗拒的吸引力，也都会对人际交往产生实实在在的影响。

4. 4 种生活态度

哈里斯（Harris，T. A.）依据伯恩的交往分析理论，提出人与人之间可能的 4 种生活态度。①我不行——你行：这是儿童在早期从自身处境中得出的逻辑结论。这个结论不仅是孩子对自己一生的认定，而作为一个永久性的记录影响着他的所有行为。只有当人成长到一定阶段，能够真正理解这个结论的含义时，它才有可能被新的结论所取代。持此生活态度的人有两种生活方式：一是认定自己真的不好，发展成退缩的生活方式。二是服从别人的要求，努力得到赞许。这是一种常见的心理自卑者与他人交际关系。这种交往的特点是：交往的一方深深地感到自己是无能和愚笨的象征。②我不行——你也不行：儿童在出生一年后不再能得到足够的爱抚和关注，产生被遗弃感，便会得出这样的结论。一旦持有这种结论，其"成人"的发展就会停滞。最终会变得自暴自弃，并一概拒绝接受他人真诚的爱抚和帮助。以这种态度支配生活的人，其表现是消极、无奈和不信任的。他们通常抱定这样一种生活态度：既不相信自己，也不崇拜他人。这种交往的特点是：交往者一方自认为低能，同时也认为别人不比自己优越多少。③我行——你不行：一个最初认为父母"行"，但又长期受到父母虐待的孩子，将会转而得出这样的结论。实际上，这种"我行"只是这类孩子生存下来的一根救命稻草。他们拒绝正视自己的内心世界，不能客观地看待周围发生的一切，拒绝接受别人"行"的信息，容易成为那种把所有过错都归咎于他人的人。这种交往的特点是：交往一方成了专横跋扈，充满着一种想象的优越感的人，这种人似乎充满自信，其实很虚弱的。④我行——你也行：它与前3种态度有着本质的不同，孕育我们的希望。前3种态度是在生命的早期无意识地形成的，而第四种态度则是一种有意识的、能以语言表达的态度。它是对现实世界的客观和理性的认识。如果说前3种态度的形成主要是基于"父母"和"儿童"的信息的话，那么第四种态度则主要是依据"成人"的信息。这种交往的特点是：交往中的行为是理性、成熟、适度的，交往双方能够做到与人为善、通力合作。前3种态度基于感觉，第四种则基于思考、信念、行动。在"你行，我不行"这样一种自卑怯弱与"我行，你不行"这样一种狂妄自大之下，人际交往必然是"有赢有输"，在"我不行，你也不行"这种悲观绝望的心态之下，人际交往可能呈"双败"局面，只有在"我行，你也行"这种积极乐观的心态下，人际交往才会"双赢"。

5. 自我三层理论

学者徐良光教授提出了他的心理社会稳态（psychosocial homeostasis）学说。他认为，人的意义只能从人际关系中去寻找，离开人与其他人和事的关系，人就变得不可理解。而人与其他人和事的关系主要体现在那个人对别人及事物的情感卷入的强度，因此，根据这种感觉卷入的强度可以将自我分成3个层次：深层、中层和浅层。自我深层可以叫做亲密层，至每一个人感到最亲密的那一部分外在的世界。作为自我深层所依托的对象，个人对他有最强烈的感情，可以无话不谈，无需任何戒备，也不用担心会遭到拒绝、厌恶和鄙视，可以从他那儿得到安慰、同情和支持而绝无丢脸之虞。总之，他是完全可以信任的，个人和他是互相充分理解的。个人对深层的需要就如同他对食物、水和空气的需要一样重要。如果一个人的深层得不到这种人作为依托，个人就会用神、物或一定的观念代替，并对这些事物倾注感情。自我深层所依托的对象若突然丧失，会给个人带来巨大的创伤，使个人感到无所适从，严重的还会出现心理问题甚至精神症状。自我中层可以叫做角色层或支持层，它以角色关系为特征。与自我深层里的强烈的情感关系相比较，自我中层里的角色关系更重要更普遍。位于中层的人、观念和事物对个人很有用，但并没有依恋感情，因为同一角色完全可以由不同的别人扮演。例如：教师必须有学生，老板必须有雇员，领导必须有下属，商人必须有顾客，但是无需某一特定的人作为角色关系人。自我浅层也可以叫做工具层。该层的个人关系是可有可无的、偶然的、短暂的，例如，火车上的邂逅，舞场里的舞伴，交往中的逢场作戏。

（1）自我三层与心理健康。大学教授许又新将自我三层理论与神经症和心理治疗联系，论述了自我三层理论对心理健康的关系，给人以启迪。以下分别从神经症和类分裂人格这两种心理疾病阐释这一关系。病症是：对一切东西都赋予了过多感情，结果导致深层空虚，中层拥挤。神经症患者具有丰富的情欲资源，所以他们对一切人与事都赋予过分的情感成分，这样反而使他们不能与任何人建立亲密关系，不能建立超越角色和利害关系的感情关系。他们想建立这种关系却做不到，就像一大群人挤公共汽车的情景，所有人都拼命挤，个个争先恐后，结果将车门堵死，尽管车子里面很空，但却谁也上不了车。其结果必然是，深层空虚、中层拥挤并伴强烈的冲突，这种冲突部分地是自我中层角色关系与情感关系的冲突。对这些人的治疗，可以采取疏导治疗，帮助病人把自我中层的内容疏散到自我前层去。如果病人真能够做到把自我中层的人和事淡化，看作只不过是工具而已，他们也就不会那么认真，心里的冲突也会得缓解。日常生活中劝人想开一些，看透一些实际上也就是达到这一疏散的目的。类分裂人格的自我处于孤立状态，他们的自我深层也是不充实的。与神经症相反，类分裂的人格的情欲资源是贫乏的，他们的动力不足，因此，他们可以安于孤立状态，并不做什么努力与奋斗。他们消极逃避，玩世不恭，不修边幅，举止怪异，实际上是把属于社会规范的东西大多当作工具罢了。心理健康表现在人际关系上的特征，就在于能够分清亲疏远近，将他们分别纳入自我的 3 个同层次，既不混淆，也不颠倒，各就各位，否则，心理冲突就在所难免。

（2）内在资源与自我三层。自我三层理论陷：没有分清内在资源与外在资源的关系。它仅仅是从人际关系的角度规定自我，其实这只是一种外在资源。同样是自我三层混乱，但在内在资源不同时，将会有本质上不同的表现。胡河清是华东师范大学中文系的一位青年教师。曾经有人说，华东师范大学中文系之所以具有如此活力和影响，是因为有两个奇人，一个叫李劫，还有一个便是胡河清。然而，就是这样一个极富潜力的青年学者，却在一个大雨滂沱、电闪雷鸣之夜，从他所住的高楼，一跃而下，结束了他34岁的年轻生命。李劫在纪念他的文章中，对胡河清的死因进行了分析。一个朋友说：胡河清不是一个孩子，而是一个婴儿。因为是婴儿，所以特别没有自卫能力，特别容易受到挫折……胡河清的撒手，不在于存在的空缺，而在于爱的阙如。作为一个婴孩，胡河清有一颗赤诚的爱心，而且爱的古色古香。逢年逢节，他会画一竿清竹或两叶幽兰送友人。外出旅游归来，他会给朋友送上一张奇特的风景照片。一次他郑重其事地拿出一枚清代的茶具赠友，并说一共只剩两枚，彼此一人一枚。此情此景，颇像两个孩子共享一种玩具，又有类于古代小说中的那个友谊场面。与每一个充满爱心的凡人一样，胡河清同样渴望被爱。或许由于他上一代人的情感离异在他心理上造成的伤害和阴影，河清对异性之爱从未抱着绝望和不懈的态度。

然而，与此相反，他如饥似渴地寻找着同性之间的友谊。每每他交上一个他认为有才华的朋友，总要兴奋地向人描述一番。并且，完了又总要加上一句，他在交友原则上与他人不同，将才华的有无放在第一位，而不以道德情操是否高尚为然。而且，他认为有才必有德，有德却未必有才，在才和德之间，才是首要的，德则在其次。他的这个交友原则也许一直到他受了某些有才华的朋友的伤害之后，才有所动摇。但他不好意思直接表述，而是告诉周围的朋友说，与某某某相处就是不比与李劼在一起来得愉快。由于没有及时给他既坦诚又尖锐的忠告，致使他终于在交友上受到了致命的伤害。《纪念胡河清君》一课上，有关他的死因，说了两句话，一句是关于自杀与谋杀的判断，一句则是关于他自身弱点的痛惜。这个充满爱心的人不仅死在爱的阙如上，而且死在他后来以智求爱，以心受之的求爱方式上。爱本应是心的交流，但胡河清由于在寻找友谊是过分地重才轻德，使他后来的交友逐渐忽略了对方在心灵上的高贵与否。尤其是他接触了术数之后，有关术数的交流一度成为他的一种寻友求类的途径。他的这种交友方式称为以智求爱，即以智术求爱。然而，倘如他以智求爱，以智受之，也不会伤至致命；在此致命的是，他恰恰以心去领受他以智求得的"爱"。须知，以智相求是求不到爱的，只能求到相应的智术。一旦求者以心受之，智术便以固有的利刀刺破了一个美丽的爱心。他不以降龙为然，而志在打狗。他认为，龙是神物，本不可降。相反，天下最让人受不了的就是恶狗之多，因此他力主打狗，并且为36路打狗棒法的最后一路最后一招击节不已，叫做"天下无狗"。他对恶狗的痛恨，与他对无才小人的厌恶是一致的。在他心目中，龙即便是恶龙，也毕竟是龙；但狗一旦成为恶狗，就应超度了去。

第十节　中国象棋入门

1. 宜用心机

象棋易学最难精，妙着神机自巧生。

得势舍车方有益，失先弃子必无成。

他强己弱须兼守，彼弱吾强可横行。

更熟此书胸臆内，管教到处有芳名。

2. 象棋谱式

将军不离九宫内，士止相随不出宫。

象飞四方营四角，马行一步一尖冲。

炮须隔子打一子，车行直路任西东。

唯卒只能行一步，过河横进退无踪。

3. 士相局势

炮向士角安，车行两路前。

过河车炮上，炮在后为先。

集车拿士相，仍教炮向前。

敌人轻不守，捉将不为难。

4．中炮局

起炮在中宫，观棋气象雄。

马常守中卒，士上将防空。

象要车相附，卒宜左右攻。

居将炮车敌，马出渡河容。

5．象局势

象局势能安，行车出两边。

车先河上立，马在后遮拦。

炮急常行动，上士必相圆。

象眼深防塞，中心卒莫行。

势成方动炮，攻敌两河边。

劝君依此诀，捉将有何难。

6．飞炮局势

炮车边塞上，临阵势如飞。

虚隙井图象，冲前敌势危。

绝敌寻先子，无语自沉吟。

车将车破敌，变化少人知。

7．胜宜得先

得子得先名得胜，得子失先却是输。

车前马后须相应，进退应须要付车。

8．破车势

一车在中营，鸳鸯马上攻。

一车河上立，中卒向前冲。

引车塞象眼，炮在后相从。

《棋经论》夫弈棋者，要专心、绝虑，静算待敌，坦然无喜怒挂怀。大抵一局之中，千变万化。如车前马后，发炮逐卒；如电掣雷，炮铺卒行，逼近士、象，如狼奔虎跃。顺手炮，先要活车；列手炮，补士要牢；士角炮，急使车冲；当关炮，横车将路；破象局，中心进卒；解马局，车炮先行；巡河车，赶子有功；归心炮，破象得法；辘轳炮，抵敌最妙；重叠车，兑子最宜。马飞过角，车便巡河。未得路莫离本位，已得势便可争先。鸳鸯马，内顾保塞；骑河炮，河岸拦车，禁子得力；两肋车，助卒过河；正补士，等他车路；背立将，忌炮来攻。我势弱勿轻进；彼势强弃便攻。弃子须要得先；捉子莫教输手。急赶将有后着可行；慢入悻无内子宜动。士象全或可求和；士象亏兑他车卒。算隐着，要成杀局，使急着，恐悻不完。得先时，切忌着忙；输棋时，还叫定心。子力猛，局中寻胜；子力宽，即便求和。学者详察于斯言，可为国手矣。

象棋书籍浩如烟海，你肯定是看不完的，而你也没有必要看完，因为其中有很是垃圾书；不知道你的象棋处于什么水平上，也不知道你的具体需求是什么，比如开局，残局或是全局。

但总的原则是先读残局再读开局，因为残局变化比较少，相对容易理解；开局变化繁复，没有一定的实力作为基础的很难真正读懂其中的走法；先读古谱再读当代棋谱，这样你才能把握棋的发展变化，从而帮助你了解什么是流行的，什么是被历史淘汰的，也能让你理解为什么要这样走，而不是那样走。如果你一点都不会下，或者才开始学的话，建议你买初级教程看一下，王嘉良编的《象棋初级教程》还不错，你选其他的也可以，因为初级教程都差不多。有的刚开始学棋的时候读过谢侠逊先生写的《象棋指要》，也是很不错的入门书籍，讲了很多道理以及提高棋力的方法，如果能找到的话读一下应该也会很有益处。如果你已经具备一点象棋基础的话，建议你读一下《橘中秘》和《梅花谱》，虽然这两本书是古代象棋谱，其中的布局也几乎被淘汰，但他们入局精巧、杀法绚丽，很多战术很具有实用性，是很值得借鉴的。然后你可以读《适情雅趣》，最好是徐家亮注解的。这也是古谱，是残局谱，对于初中级选手提高棋力很有价值。以前有人说，熟读《适情雅趣》，可以提高一个马的实力；对于初级选手来说，这个说法一点也不过分。说一下，读的时候一定要自己先冥思苦想，在确认自己已经穷尽所有变化的情况下再看解法和注解，这样才是最有帮助的。熟读《适情雅趣》之后，如果你想继续提高实力，可以进一步读《百局象棋谱》、《竹香斋》，这两本属于排局谱，就是更难更复杂的残局，和大街上摆摊的残局难度差不多，街面上摆的残局都是其中比较复杂的。插一句嘴，读这些残局谱不是为了记住固定局面的走法，而是为了增强你的算力和全面思考的能力，如果单纯考虑到背棋谱的话，那就事倍功半了。如果你不愿意的话，读完《适情雅趣》就可以涉猎开局了。不管你象棋基础怎么样，如果你进一步想提高的话，开局都是应该系统学习的。开局棋谱中你可以先读黄少龙写的《马炮争雄》，《斗炮烽火》，《挺兵局的应对方略》，这些都是从布局演变的视角，分析布局发展的。以《马炮争雄》为例，其中讲了最开始出现屏风马的时候怎么对付中炮，后来中炮想出了什么办法破解，而屏风马又是怎么样应对的，等等，一直到今天，中炮对屏风马也还是布局的主流之一，这对你理解开局定式是很有帮助的。在布局定式方面，楼上说的阎文清和张强合著的《布局定式与战理》可以说是当前最经典的，也是相对来讲对局面评价比较准确的一部书，可以收藏。阎张合作的其他两本书《布局骗着与对策》、《布局疑形与攻击》也都很好，值得一读，其中讲述了许多很不错的开局战术手段，学习一下应该很有帮助。然后你该专门学习一种布局了。开局的学习应该是由精而博的过程。先把某一种开局学习通透，然后学习其他布局会很简单，因为棋理毕竟是相通的。建议你先学习斗炮布局（顺炮、列炮称为斗炮），然后学习马炮布局，最后学习兵相以及散手布局。不管你学习何种布局，但这几个作者写的一般都不错，斗炮可以看王嘉良的《象棋斗炮战》，反宫马可以看胡荣华的《反宫马专集》，黄少龙写了不少布局的书籍，也都可以。其他作者就暂时不推荐了，因为都差不多，没有太出色的，等你看完这些之后你自然就会自己进行选择了。全局方面推荐你看阎文清注解的五羊杯比赛的实战谱。许银川的《银川棋路》很好，是他自己对自己实战经典棋局的详细讲解，不知道有没有出版发行，但网络版肯定是有的。

大师的对局自评也可以根据你所喜好的风格进行选择，之所以推荐看高手自评，是因为毕竟只有身临其境的人才能最好地讲出来每一步的选择，哪怕是错误的选择。读全局谱的要求是不要泛泛地摆棋，那样没什么用，你看过就忘了；你应该把自己当成是对局中人，先仔细思考这一步如果是我的话，我怎么走，然后再看当时是怎么走的，再看注解，比较思路上的差异，当然，你所想的也不一定就是错的，但能够了解别人是怎么想的，对你而言才更关键。

再接下来，你可以回到残局谱，残局中有一些实用的例胜、例和局面，怎么样能胜，怎么样能和，什么情况能胜，什么情况能和，是你应该掌握的，这方面的书推介沈正富编的《象棋实用残局手册》，里面有1000局常见局面，胜和的分析也很透彻。这时候你看了这些典型局面，你可以适当地记住一些常见局面的思路和固定走法，对你掌控中局很有帮助，你能知道怎么样交换子力能保证和局，怎么样引导局势能走向胜利。关于中局方面没有什么太好的书值得借鉴，因为中局太难，变化最为繁复，所以你如果要加强中局只能通过开局的深入和残局的精微，从始末两端加强中局功力。这些你要能按部就班地进行一年，恭喜你，你至少可以笑傲街头了；如果有天分，你就是业余中的高手了；如果你疯了，那就向职业棋手迈进吧。供你参考。

象棋最重要的是自己积累经验，多寻人切磋，最好是比自己水平高但不高太多的人下，你的水平会提升很快的。象棋对你来说毕竟只是爱好，摆谱等不必重视，经验最重要。

第十一节　世界经典音乐赏析

有人说：建筑是凝固的音乐，音乐是流动的建筑。音乐是人类灵魂的艺术表现，从经典音乐中寻找精神寄托。在经典音乐赏析的课上，可对著名作曲家有更深层次的了解，尤其是对贝多芬的作品。如令人感受最深的就是《命运交响曲》了。贝多芬 c 小调命运交响曲，开始的 4 个音符，刚劲沉重，仿佛命运敲门的声音。这部作品因此被称作命运交响曲。《命运》的构思、创作周期是比较漫长的，据文献记载，贝多芬最早是从1803 年开始有意写作这部作品的。那么这部作品的主旨是什么？贝多芬创作它的意图又在哪里呢？那是贝多芬被疾病所困之后，所发出的心灵呼唤。好在，最终他战胜了自己的意志，他没有被不公平的命运所击退，他战胜了自己。尔后，重新回到维也纳继续自己对音乐的追求。在这个绝望、思考、反省、胜利的斗争过程中，贝多芬发出了"我要扼住命运喉咙"的呼喊，他感觉自己不能屈服于命运，而应该勇于发起挑战！贝多芬在1808 年 11 月写给他的朋友韦格勒（1765—1848）的信中，就已经说出："我要卡住命运的咽喉，它决不能把我完全压倒！""命运敲门的声音"在 1798 年所作《c 小调钢琴奏鸣曲》的第三乐章中就已经出现过，以后又出现于《D 大调弦乐四重奏》第三乐章、《热情奏鸣曲》第一乐章、第三《列奥诺拉》序曲、《降E 大调弦乐四重奏》等一系列作品中。可见，通过斗争战胜命运，是贝多芬一贯的创作思想。罗曼·罗兰对《命运》交响曲有过一段出色的描绘。"这是一幅庞大的壁画，在这里，英雄的战场扩展到宇宙的边界。而在这神话般的战斗中，被砍碎的巨人像洪水前的大蜥蜴那样重又长出肩膀；意志的主题重又投入烈火中冶炼，在铁砧上锤打，它裂成碎片，伸张着，扩展着……不可胜数的主题在这漫无边际的原野上汇成一支大军，无限广阔地扩展开来。洪水的激流汹涌澎湃，一波未平，一波复起；在这浪花中到处涌现出悲歌之岛，犹如丛丛树尖一般。不管这伟大的铁匠如何努力熔接那对立的动机，意志还是未能获得完全的胜利……被打倒的战士想要爬起，但他再也没有气力；生命的韵律已经中断，似乎已濒陨灭……我们再也听不到什么（琴弦在静寂中低沉地颤动），只有静脉的跳动……突然，命运的呼喊微弱地透出那晃动的紫色雾幔。英雄在号角（法国号）声中从死亡的深渊站起。整个乐队跃起欢迎他，因为这是生命的复活……再现部开始了，胜利将由它来完成。"

很多人心目中，《命运》代表着贝多芬；同样，在另外一些人的心目中，贝多芬代表着《命运》。世界上再没有一首交响曲能够获得如此广阔的知名度以及接受度。贝多芬的伟大，则很大程度上也来自于这部代表作给他带去的声誉和敬仰。《第五（命运）交响曲》代表了贝多芬的精神、代表了人类永不向自身妥协的精神！大家也许会误解，当时是不是因为贝多芬的耳疾有所改善，他才重新鼓起了生存下去的勇气？其实并非是这样，从作曲家自己写的许多日记、信件中可以看出，贝多芬的耳聋是逐渐加重的，其间并非单纯的听力减退，而且还会伴随着严重的杂音干扰，让他苦不堪言。所以贝多芬对自己重拾信心完全是其精神上的胜利，来自于对"命运的挑战"。所以在自己对生命有了重新认识之后，作曲家企图用一部大型的交响乐作品来表达自己的情绪，歌颂这一自我斗争的主题。自此《命运交响曲》的主题渐露雏形。贝多芬一生与苦难命运搏斗，对人生的感触极深，因此在作品中融入了不少前人不曾想象的感情，处处充满自信，他的作品歌颂了生命的美好和对人类的爱，充满奋斗向上的精神。"通过斗争，达到胜利"这八个字可以说是贝多芬创作思想的概括。贝多芬继承了海顿、莫扎特交响曲中的奏鸣曲式，并把它改造成庞大的结构适于自己的思想。他把第一乐章的规模扩大了，特别是扩大了尾声。他向海顿和莫扎特一样，把展开部看作是奏鸣曲式的动力中心。他的短小而深刻的主题为扩展和发展提供了无限的机会，它们以猛烈的力量和气势展开。慢乐章在贝多芬手中具有赞美诗的特点，体现了贝多芬式的悲怆。音乐就是拥有这样神秘的力量。经过课程中与交响乐的相处，一般人都会被深深地吸引了，开始更加热爱经典音乐。聆听经典音乐这门课程带给人们的不只是音乐本身，更加包括如何以一个绅士的姿态面对音乐、面对艺术，真正静下心来感知和享受音乐带给我们的激情与安慰。

经典音乐艺术领域中有着无数的伟大作家，他们同样用他们的思想与精神为我们诠释艺术的真谛，每一部作品都是作家的心血集成，都是他们在挖掘内心，挖掘社会，挖掘时代后的结晶。而作为听众，即使不能准确地把握作品的真正内涵却也应该用心去聆听，当你仍沉醉于流行音乐的时尚形式中时，当你在为 DJ 舞曲感到吵闹时，当你越来越感受到嘻哈音乐的乏味与无聊时，不妨去听听经典音乐，它的每一个音符都好像是在你的心头跳动，每一个旋律都像是能踏入我们的内心深处，让我们的心境与思绪也随着音乐的起伏而变化，这就是音乐永远能带给我们奇妙的感受，也是音乐亘古不衰的道理所在。

第十二节　计算机网页制作

1. 校本课程开发的目的和依据

其目的是指学校在校本课程开发中所期望得到的主要结果，包括学生的发展、教师的发展和学校的发展等方面。其主要依据包括国家的政策依据、学校的办学理念、学生的特别需要和本校的资源条件。

2. 校本课程的总体目标

校本课程目标是一定学段的校本课程力图促进学生的认知、情感和行为充分而各有特色的发展所能达到的基本要求。它是人们根据国家的教育方针、学校的办学宗旨、学生的年龄特征和校本课程的特点，对校本课程所要达到的育人结果作出的预见性反映。校本课程目标有总体目标与具体目标之分。总体目标是指导一所学校开发的整个校本课程在促进全体学生的认知、情感和行为的发展方面要达到的几项要求。不同学校的校本课程总目标可以有不同的侧重点，但基本精神是一致的。

3．对教师申报课程开发的基本要求

（1）拟开发的科目，能反映一些学生的特别需要；

（2）课程设计的构想，能体现校本课程的性质和特点；

（3）教师小组具有课程开发的能力；

（4）本校和社区拥有所需要的课程资源。

4．课程设置的大致结构

校本课程的设置应具有比较合理的结构。合理的课程设置结构，是指所设不同类型的校本课程在彼此的数量与课时比例合理组合的基础上所形成的有机整体。校本课程的类型可按两种维度来划分。其一是按照课程内容的性质分类。校本课程的内容都由综合性信息和直接经验所组成，但不同门类的校本课程的内容有性质的区别，如侧重社会研究的、侧重人文科学的、侧重自然科学的、侧重体艺的、侧重外国语言的等等。其二是按照学生选择校本课程的自由度的大小分类，可分为限定选修课和任意选修课。在小学，由于学生的知识、经验较少，选课能力较弱，所以着重开设限选课。较少开设任选课。到了初中，任选课的比重显著上升。至高中，任选课的比重往往高于限选课。需要着重指出的是，初写开发方案时只宜对校本课程设置的结构提出原则性的要求或框架式的设想；其实际的合理结构须经历一个从简单到复杂、从不完善到比较完善的开发过程才能形成。

第三章　校本课程开发的具体实施

第一节　确定校本课程开发指南

1. 需求评估、资源调研结果分析

（1）明晰学校教育理念。开发校本课程，首先要有明确的学校教育理念（培养目标），即学校根据师生特点、教育资源、学校教育传统以及教育者的办学宗旨，确立自己的独特的发展方。它反映的是学校的个性，体现的是学校特色。如某校的教育理念是：主体性教育，发展性教育，研究性学习。

（2）评估学生的发展需要。学校是为学生而存在的，学生的兴趣与需要，个性的充分发展，是校本课程开发的重要依据。为了对学生的发展需要进行合理评估，某小学组织设计了3套问卷，分别是：A. 新时期小学学生的形象（用一句话或关键词来描述）。B. 我们的兴趣与需要（包括学生的兴趣爱好、特长的选项，成长中学生的身心发展需求以及学生对学校课程设置的需求）。C. 我们的向往与未来（学校的发展，成长的快乐体验，面向未来的思考）。在评估过程中按照学生年龄特征，学校分别就高、中、低3个年龄段的学生按照直接答卷、选项填空、与举手选择3种方式进行，并举行大规模访谈，对学生发展需求进行全方位的评估，最后形成科学的调查报告。结果显示，某校小学生的发展需求具有一定的共性：健康生活的需求、快乐学习的指导、幸福成长的体验、创新思维品质的养成。

（3）评估学校及社区发展的需要。学校与社区都是学生幸福成长的摇篮，是他们实践与体验生活的基地某校。某校教学环境优美，是一所教师师资水平较高的学校。学校决策者思考着把学校做强、做大、做出特色。这样，需要重建学校文化，重新审视学校的育人目标，使这所有着30多年光荣历史的学校在新时期不断迸发出新的活力。新一轮基础教育课程改革给学校发展提供了平台，课程管理与决策权利的下放，给学校课程创新创造了机遇。校本课程的开发满足了学校发展的需求，学校在实践探究中明确了以课程改革为突破口，发展学生的个性特长、提升教师专业素养、实现学校教育理念的方向。而学校所在的社区活动场所缺乏，社区文化活动较为单一，他们同样需要创设一种新的社区文化，来提升社区的品位，促进社区的发展。

（4）分析学校与社区的课程资源。按照课程资源的空间分布与功能特点，可以将课程资源分为校内条件性课程资源与素材性课程资源、校外条件性课程资源与素材性课程资源（主要指社区）。在实施新课程以来，该校开始重塑学校与班级文化，充分开发与利用校园环境课程资源，造就怡情悦性的校园文化。在校内素材性课程资源方面，根据教师开发校本课程的知识、技能、经验缺乏的实际，加强了校本培训及与专家的对话、交流，以实现专业素养的提升，获取课程开发技术的支持。在情感的交互上，实施新课程以来，师生之间、生生之间、老师与家长之间交流互动，营造了关爱协作的氛围。现在教师与学校决策者的课程价值观一致，对学校的教育理念充分达成共识。

2. 校本课程开发的总体目标

根据需要评估，经学校审议委员会集体审议，初步确定学校现阶段校本课程的总体目标为：

（1）珍爱生命，学会锻炼，心理健康，人格健全。

（2）有广泛的兴趣爱好，积极参加各种活动。

（3）学会观察与思考，学会探究与质疑，在探究性课程的学习中，形成创新意识。

（4）学会交往与合作，诚实、自信，生机勃勃地享受成长的快乐。

3. 校本课程开发的基本程序

（1）成立校本课程开发研究领导工作小组。

（2）组织实施校长决策及负责校本培训。

（3）检查校本课程实施、协调各部门的工作。

（4）实施课程计划。

（5）对校本课程的研究和实施进行指导、评估、调查。

（6）分析学生对校本课程的需求情况

（7）对校本课程档案整理工作等工作。

4．开展校本培训，盘活教师资源

教师是课程的创造者、开发者和实施者。传统的课程观认为课程就是教材，甚至就是教科书，这无形中窄化了教学途径，僵化了教学面孔，制约了学生全面发展，阻碍了学生综合能力的提高。所以该校要通过业校和自学等方式，使教师：

（1）理解课程与课程资源、学科、教材、教科书间的区别与联系，树立开发、使用课程的意识和理念；

（2）逐渐唤醒、催生教师开发、使用校本资源的能力；

（3）占有大量的课程，改变照本宣科、单纯传授知识的做法，使教师认识到多视角的课程对学生的能力培养大有益处。由能力积淀来提高应试成绩，来提高学习效率；

（4）能够自觉地随时随处在动态中开发并占有课程；

（5）参与联合校本教研，利用同伴互助，拓宽思路、创新行为。

5．优化各类活动，挖掘学生潜能

传统的学生观是把学生当作被灌输知识的容器。学生被动地学习，很多潜在的有价值的个体人文文化被日久天长的灌输教育扼杀。新课改后，强调教师关注、尊重学生的变化和个性差别。在做好前期调研的基础上，基于"我学习、我快乐"的开发着眼点，站在为学生一生负责的高度上，组织多项活动，先普及，后提高。从活动的策划，材料的搜集，活动过程的主持与记录，活动体会的交流总结等，都由学生主体参与，并由学生形成过程性书面材料。在活动中学生调动已有知识、能力、经验储备，学会交往，懂得合作，思想净化、语言输出，综合素质在经历与实践中得到一次次提高。

6. 对教材二度开发并努力形成体系

开发课程，还包括国家课程校本化实施。在师生使用的课本中有显性知识，也有隐性训练点，需要教师根据自己的实际做开发的余地特别大，这应该是课程开发的最重要的组成部分。为了确保新教材实施少走弯路，为了教师在使用讲义时方法手段上向新教材过渡，学校应组织新课改教师，在实践中提炼总结二度开发教材的典型经验，并形成系统的开发材料，为更多参加课改的教师提供先行参考。校本教材作为三级课程的重要组成部分，其作用在于弥补国家和地方课程在地区不适应性。校本课程是新生事物，出现了课程上许多的空白点，比如学生的行为能力、习惯的指导培养，对安全自护与自救等意识的养成等，都需要系统的读本对学生做规范的教育。读本的开发既要满足教育的需要，也要适应小学生的认知特点，既要通俗易懂避免说教，又要便于操作避免僵化。按课程目标、课程内容、课程实施形成纲要，再统一筛选编制。

第二节　实施课程纲要

1．指导思想

以新一轮课程改革"一切为了学生，一切为了学生的发展"的教育理念为指导，从学校的实际状况和学生的实际需要出发，构建学校办学特色，打造"个性化"学校形象，发展学生特长，促进学生全面发展，以适应社会进步，科教发展，教育改革的客观要求。

2．实施目标

（1）校本课程要体现基础性。基础教育要重视基础，校本课程将立足于打好学生文化基础、品德基础、身心基础为目标。全面发展学生的能力，促进学生对学科知识的综合和运用。

（2）校本课程要体现发展性。根据学校实际状况，兼顾到每个学生的发展需要，树立着眼于学生发展的教育价值观，把为学生的发展服务当作校本课程的基本价值取向。

（3）校本课程要体现现实性。校本课程是根据学校的实际情况而开设了课程，在开发过程中主要依靠学校的自身力量来完成，所以要充分考虑本校老师队伍的整体实力，科研水平及学生的发展情况，还有学校的设备资金等因素，目标不能远离实际。

（4）校本课程要体现主体性。校本课程的主体性体现在课程的开发和实施需要，教师的充分参与，在课程的开发和实施中要重视教师的主动精神，要发扬团结协作的精神，使校本课程得到更大的开发。同时，还要充分了解和反映学生的实际，重视学生参与，注意学生的反馈信息，不断根据学生的需要完善优化校本课程。

3．实施内容

（1）建立健全校本课程开发体系。校本开发不是一两个人能完成的，是由校长、课程专家、教师、学生家长等共同参与的。学校要形成开发校本课程的组织网络，形成领导小组——教研组——教师——学生的开发网络，通力合作，共同创建"学习化校园"。

（2）加强校本课程开发的师资培训和课题研讨

①在校本培训中设立校本课程开发专题，进行讲座辅导和自学研讨，深入领会校本课程开发的意义和作用，提高认识，明确目标。

②以学科教研组为单位，根据学科特点、学生实际、学校状况、及目标导向等因素，研究开发校本教材，将此作为教研组教研活动和集体备课活动的一个重要内容。

③强化科研意识，以"校本教材开发"为课题展开研讨，使校本教材的开发步入科研、教研的科学轨道。

④创造条件，开展校本课程开发的技能培训。

（3）校本课程开发的实施程序

①成立组织。

②通过学生座谈等了解学生各种需求。

③全面评估分析确定校本课程总体目标，制定校本课程的大致结构。

④制定校本课程开发指南。

⑤培训教师—教师申报课程—对教师申报课程进行审议—编订《学生选修课程目录及课程介绍》。

⑥向学生公布《学生选修课程目录及课程介绍》。

⑦组织学生选择课程。

⑧确定校本课程。

⑨形成完整的《校本课程开发方案》。

⑩任课教师拟订具体的《课程纲要》。

（4）校本课程的结构。根据学校实际，完全靠自己开发的校本教材：

艺术课程：美术、书法

技能课程：生物、物理实验、各兴趣小组

专题课程：心理辅导等

（5）校本课程的评价

①学生学习评价：问卷调查

②学习效果评价：信息反馈

③课程评价体系

（6）几点要求

①加强校际间的校本课程交流借鉴

②注重特长生的培养

③体现特色课程设计

第三节　校本课程开发组织机构

1. 决策机构

（1）校务委员会。校务委员会是在校长领导下发扬民主，调动各方面力量，集思广益，协助校长进行决策，避免或减少工作失误的咨询机构。校务委员会有以下职责：

（1）学习、讨论党和政府的教育方针、政策，上级党委、政府和教育主管部门的指导、决议，研究具体的贯彻方案和措施。

（2）研究全校学期、学年的教育，教学工作计划、总结。

（3）审查学校经费的预决算。

（4）研究、决定学校的重要规章制度。

（5）讨论、决定教职工的奖惩、晋升，进行培训及有关落实党的知识分子的重大问题。

（6）研究有关学校教学、政治思想、生产劳动、体育卫生，经费及基金分配原则，社会及家长工作等重大问题及一些重大的政策措施、办法。

2．审议机构

学校课程审议委员会由校长，教师，学生，家长，专家组成。其职责是：

（1）审议学科发展规划，评议"985"工程、"211"工程等学科建设重大项目的立项申请、中期检查和验收报告。

（2）论证和审核学部中跨学科研究机构的设立和评估工作。

（3）组织学术成果的评价和奖励申报的推荐工作。

（4）指导和组织跨学科学术交流活动的开展。

（5）指导和审定人才引进、师资队伍建设工作和相关计划。

（6）组织职称和岗位的设置、规划和评聘工作。

（7）指导、组织各种形式的学风和学术道德规范教育，调查和评议学术纠纷与学术失范行为，涉及违纪、违法问题的，交由学校有关部门处理。

（8）委员可以要求参加学术委员会组织的各种审议、评议、咨询、学术交流、学风和学术道德规范教育等活动，发表意见和建议。委员应参加2/3以上的学术委员会全体会议及必须参加的分组会议。

3．执行机构

教导处是学校教学工作的重要职能部门和具体管理部门，教导处主任负责主持教导处的日常工作，整个工作分教务、政教、教科研 3 块，副主任协助主任做好分管工作，具体职责如下：

（1）教务

①协助校领导拟订并具体实施全校的教务工作计划。

②拟定教学工作计划和各科教师的学期授课计划，组织教师开展相应的教研活动。布置教师规范备课，认真教学。具体负责教学工作的检查，不定期检查课堂教学和学生的学习情况，及时总结、交流教学经验，提高教学质量。做好学生的成绩考核、登记工作。

③组织安排学生的课外活动。

④管理实验室、电教室、图书馆等必要的教学场所，组织检查仪器、设备、图书资料的合理使用和保管。

⑤合理安排学习和休息时间，编制课程总表，负责处理教师的听课、调课、代课等项工作，组织好期中、期末考试工作，及时了解学生情况，调整学生负担。

（2）政教

①拟定和组织实施学校的德育工作计划，经常进行检查，定期进行总结汇报。

②协助校长选配班主任，审批班主任工作计划，定期召开班主任会议，指导检查班主任工作，组织学习和交流经验，提高班主任的理论水平与业务水平。

③负责学生的政治思想工作，指导少先队的工作，积极开

展争创文明班级、先进班级集体活动。

④注意掌握学生思想动态，检查执行《小学生守则》、《小学生日常行为规范》和校纪校规的情况，及时提出加强思想政治教育工作的意见。

⑤组织班主任搞好学生的操行评定和评选各类优秀学生的活动，做好后进生的转化工作。

⑥组织开展班际竞赛活动，负责学校的纪律、卫生、生活、劳动管理工作，努力创造良好的校风。

⑦积极培训学生干部和各方面的积极分子，努力争取校外教育机构和有关部门的配合，开展有益于学生身心健康的教育活动。

⑧抓好安全保卫工作，作好安全教育，收集整理有关政教方面的档案资料。

⑨负责招生、编班工作。负责学生的操行评定、总结评比工作及学籍管理工作等，建好学生档案。

（3）教科研

①拟定和组织实施学校教育科研计划，经常进行检查，定期进行总结汇报。

②组织学校教育科研的征题、立项、检查、成果评选和推广以及向有关部门推荐立项课题等管理工作。做好课题档案工作。保证学校教育活动正常健康地开展。

③普及教育科学，组织、推动教育理论学习。组织开展教

师教育理论水平和科研能力的考核与评估。组织、参与或接受有关业务部门下达的课题研究活动，推动学校教育改革，体现"科研兴校"的思想。

④负责教育信息收集和管理工作，根据本校实际积极学习和推广先进的教学理念，为教师提供信息和教育科研情报资料，做好校际间的信息和业务交流。

⑤加强与有关业务部门的联系，接受上级业务部门的指导，完成有关教科研任务。

第四节　设计校本课程的基础

1．明晰学校培养目标

（1）培养学生的兴趣、爱好，发展个性特长。

（2）拓展学生的知识领域，培养创新精神和实践能力。

（3）提高学生的思想品德修养和审美能力，陶冶情操、增进身心健康。

（4）培养学生的科学态度和精神，学习和掌握科学的基本知识、基本技能和方法；培养学生对现代工商活动的兴趣，进行企业家精神的熏陶。

（5）培养学生的团结协作和社会活动能力，使学生热爱学校生活，适应社会。

2. 调查学生需要

每一个教师在备课时都会备学生，但关注的是学生的学习情况，关注的是学生的知识基础。从刘德武老师的专题讲座《学情分析与小学数学教学》中认识到只是从知识的角度来了解学生，虽然很重要，但是不够全面，还应关注、了解学生的其他需求，使学生在课堂教学中与老师之间达成默契，提高课堂教学的效率。

（1）关注兴趣需求，激发情感动力。兴趣是最好的老师，为了激发、调动学生的学习兴趣，老师创设的教学情境与教学内容应是紧密配合、紧密联系的，应是很有趣味的，是可以激发学生的一种情感动力。

（2）关注知识需求，满足求知愿望。在进行知识教学当中，从知识的角度看，学生可能会有些什么样的需求，老师要有一定的预见，并且把这种预见纳入到我们的备课过程当中去，然后在课堂教育当中给予体现，这是对学生的一种尊重，也是对他的知识需求的一种满足。

（3）关注思维需求，促进思维发展。老师在备课的时候，设置的问题情境要通过克服定势来培养学生思维的变通性，促进学生的思维发展。

（4）关注认知误区，避免造成隐患。老师在教学中不要留给学生一个认知定式、一个认知误区，而要让他觉得世界上的事情是变动的，不是一成不变的，不是僵死的。

（5）关注解决问题的需求，提高理论联系实际的能力。老师设置的问题要能激发学生的思维和想象，让学生积极联系生活实际来解决问题。

（6）关注隐性需求，培养学生的数学意识。隐性需求，就是学生明明应该有这个需求，但是他就是说不出来这种需求，这个必须靠老师去发现，靠老师去预见，是很重要的。

3．评估学校及社区发展的需要

一是要在解放思想、创新发展思路上取得新成效。着眼于新的起点和新的要求，不断提高战略思维、辩证思维、系统思维、创新思维的能力；着眼于新的实践和新的发展，善于总结发扬教育系统好的做法，善于学习借鉴国内外的先进经验，结合学校特点的实际消化吸收再创新，在更高层次、更多领域推进科学发展。

二是要进一步壮大我校基础教育创新团队的实力，完善推进人才链、学科链的储备。

三是要进一步做到办学规范化。

四是要在转变领导工作作风、增强执行力上取得新成效。进一步强化责任意识，落实决策目标、执行责任、考核监督3个体系的要求。强化谁主管、谁负责，失责必究，部署的工作有回音，确保任务落到实处。

五是要在加强教育教学研究、增强工作前瞻性上取得新成效。进一步强化理论学习，搭建学习制度平台。要重视调查研究，增强理性思考。重视长远发展和宏观战略，深化对教育规律的研究和认识。

4．评估学校，社区的课程资源

学校现存资源，包括人力，物力资源，同时分析学校所在社区的资源。

5．制定《校本课程开发指南》

（1）指导思想。以马列主义、毛泽东思想、邓小平理论以及"三个代表"的重要思想和科学发展观为指导，以国务院关于基础教育改革的决定及《基础教育发展纲要》等教育理论作为校本课程开发的理论基础。

开设校本课程要根据学生的需要，立足于本校，积极发掘百年老校积淀下来的课程资源。努力把蕴藏于师生中的生活经验、特长爱好转化为课程资源。充分利用和拓展地方经济特色上的课程资源。重视德育实践教育，注意发挥学生和家长的作用，开发出具有学校特色的校本课程。

（2）基本理念

一是丰富学校课程。校本课程是学校课程的组成部分之一，是由学校自行决定，旨在满足本校学生发展的需要。给学生提供多样性、个性化的课程选择权利。

二是促进教师专业发展。校本课程的开发可以锻炼一支教育科研骨干队伍，造就一批懂科研、懂教学的教师队伍，逐渐形成学校特色和沉淀学校文化。

三是提高学生学习兴趣。校本课程的开发，丰富了学生的知识，开阔了学生的视野，培养学生的创新精神和实践能力，是全面地培养和发展学生素质的步骤之一。学生在掌握国家课程规定的基础知识、基本技能的同时，在校本课程的开发与学习中得到个性发展的及时补偿，开发潜能，充分激发学生的主动意识和进取精神，倡导自主、合作、探究的学习方式，使学生在课程的自主选择和个性化知识的掌握过程中形成更多更广泛的能力，更好地认识学习的价值，塑造健全的人格，促进学生健康、和谐、全面的发展。

（3）校本课程开发的总体目标。教育的一切都是为了学生的发展。某校校本课程的总体目标为：

①立足于面向 21 世纪的知识经济、全球一体化的发展对人的素质的要求，为学生的终身学习、终身发展、可持续发展打好基础。

②注重知识性和人文性相结合，培养良好的思想道德品质；促进情感和态度的发展；塑造完善的人格，促进学生个性的充分发展。

③关注学生个体的差异性，开发多层次、多类型、多规格的校本课程，以实现每一位学生都得到充分而全面的发展。

④逐步开发、不断改进和完善校本课程体系，促进学校、教师、学生的共同发展和特色发展。

（4）校本课程的大致结构及开发的基本程序。在广泛深入调查学生、家长、教师的基础上，充分考虑学校的总体发展目标、办学思想、办学条件，拟开发符合学校特色发展的传统性系统化校本课程和满足学生个性特长发展的非系统化校本课程两类课程。

系统化传统性校本课程，以学校资源优势和社会资源优势为前提，拟开发《我是小学生了》、《走进中国传统节日》、《走进科学》、《我爱我家》、《硬笔书法》的系统化校本课程，以形成学校传统特色。

非系统化校本课程，以学生的个性化发展需要为前提，拟逐步开发学科拓展性课程和实践探索性课程，如走进传统节日，家乡风物、科技活动、文学社、美术中的剪纸、体育中的武术、音乐方面的地方戏剧、大语文教育方面的经典诵读、生活中的数学问题点击、《学生学习习惯培养及学习方法指导》、《英语大家说》、板报集萃等，以建构个性化的校本课程体系。

本学期拟以年级组为协作体，每组集中力量1~2门课程，并付诸教学实践，逐步扩充到每人承担1~2门课程的开发与教学。

（5）课程设置总体内容

①非系统化校本课程的设置：一至六年级开设硬笔书法课程、文学社、经典诵读，低年级再开设剪纸、武术，中年级开设地方戏剧，高年级开设生活中的数学问题点击。

②系统化校本课程的设置：一年级开设《我是小学生了》，

二、三年级开设《学生学习习惯培养及学习方法指导》，四年级开设《走进传统节日》，五年级开设《走进科学》，六年级开设《我爱我家》。

6．校本课程开发的管理

为保障校本课程有效实施，学校予以人员、组织、设备、经费、制度等方面的保障。

（1）人员。

学校课程管理人员包括校长、教师、学生及其家长。校长是学校课程的主要决定者和责任人。校长在课程管理的任务是坚持课程计划和课程标准的严肃性，利用和开发校内外的各种资源协调各种关系，规划学校发展目标，制定各种课程管理制度，监督和评估课程实施过程，发布学校课程质量的信息。

教导处成员承担学校课程管理的常规工作，包括课程实施与开发的组织、安排、协调等工作。

教师是课程实施与开发的主要力量，对课程资源的开展与利用、教学内容与教学过程的组织、学生的质量评定具有专业自主权，同时对课程目标的实现、学生的发展承担主要责任。

学生有权参与表决教科书选择，有权选择校本课程中的选修课，有权对学校课程作出自己的评价，有权对自己所学的课程提出改正建议。同时，学生也应主动配合教师完成课程任务，自觉遵守各种规章制度。

学生家长及有关的社区人员对学校课程应有知情权、评价权和建议权，并有责任为学校提供各种资源上的支持。

（2）组织

①学校课程审议委员会。建立学校课程审议委员会主要是为了审议校本课程开发过程中的重大决策，形成《校本课程开发方案》，制定有关的开发与管理条例，检查与监督《校本课程开发方案》的执行情况。

学校课程审议委员会由校长、教师代表、学生及家长代表和社区相关人员等构成。

校长是学校课程审议委员会的成员，主要向委员会提供关于学校课程资源现状、学校的办学方向、学校将要采取的措施等信息，供委员会审议时参考。教师与学生是学校课程审议委员会的主要构成部分，在学校课程决策中发挥重大作用。对教育有兴趣的家长与社区人士对学校课程应有知情权、建议权和参与决策权。学校课程管理的最后决定由委员会集体审议作出。审议通过的各项决定由各处（室）、教研组或年级组具体执行。

②教导处。教导处是学校课程管理的专门的行政机构。其主要职责是计划、执行、检查、评估全校各门课程及各教研组的课程教学工作；组织协调各教研组与年级组的各项工作的关系，落实各项课程管理措施。

③教研组。教研组根据学校的整体安排，制订好学年及学期教学计划、教学研究活动计划和学生活动计划；对教师教学活动进行指导，确保完成学校课程管理的各项要求；及时反映

课程实施过程中出现的问题及教师的教学需求；研究学生的实际情况，为课程管理提供依据；联系各学科教师之间的合作，以促进课程合力的形成。

④设备与经费。学校课程管理，不管是国家课程、地方课程的有效实施，还是校本课程的合理开发，都要有必需的设备与经费上的支持。

学校加强图书馆、实验室、专用教室等设施的建设，合理配置各种教学设备，为学校课程实施提供必要的物质保障。

学校设立专项基金用于课程管理，专项基金主要用于课程实施与开发、教师教育、设备配置与对外交流等方面。

⑤制度。为了确保组织的管理活动能够持续地运行，学校必须制定相应的管理制度。学校课程管理的制度主要包括：课程审议制度，教学管理条例，校本课程评价制度，教师继续学习制度，校本课程管理岗位职责及激励制度等。学校各类人员应严格执行各项管理制度，定期检查制度的执行情况。

7. 校本课程开发的实施

在近几年的校本课程开发与实验过程中，该校遇到了不少困难，也积累了一些经验，在不断研究和调整中进一步把改革推向深入。其收获有以下几个方面：

（1）校本课程开发的主体是教师。校本课程开发应从从学生和教师实际需要出发，从学生需求出发，以发展学生的个性、特长和综合素质为目标指向。校本课程开发促进了教师专业化发展，加速了该校教师优秀群体的形成。

（2）校本课程的内容要以人为本。教师要引导和组织学生利用一切可利用的课程资源，启发他们发现问题，并力求运用已有的知识、能力和智慧来解决问题，从而提升自己的综合素质与能力。

（3）校本课程的建设可以最大限度地开发课程资源。利用有利于实现课程目标的多种因素，如知识技能、经验、活动方式与方法，情感态度和价值观、培养目标等素材性资源，为学生的全面、健康、主动发展服务。

（4）让教学硕果丰富课程资源。校本课程是基础性课程的应用和延伸，如果有效地对传统的教育教学方法进行改革，并与校本课程相互取长补短。那么就能做到"把课堂还给学生，让课堂充满生命活力；把班级还给学生，让班级充满成长气息；把创造还给教师，让教育充满智慧挑战；把精神生命发展主动权还给师生，让学校充满勃勃生机"。

8. 校本课程的实施效果

（1）提高了学生的学习兴趣，激发了学生的学习热情。校本课程的实施丰富了学生的知识，开阔了学生的视野，拓展学生的学习空间，大大提高了学生的学习兴趣，充分锻炼了学生实践能力，培养了学生的创新能力。提高了学生综合解决问题的能力，促进了知情意行和谐统一的发展。

（2）提高了教师的教学能力和理论水平。校本课程的实施提高了对教师素质的要求，教师不能只会讲课，而且还要会编教材，通晓课程理论知识，掌握现代教育技术。

通过几年的课程改革实验，该校认识到，校本课程建设，重要的不是要求学生能发明什么，而是从中有所启发，从中培养学生发现问题的智慧和解决问题的能力。校本课程建设，使"合格＋特长"的办学思想成为现实，同学们的创造力得到较大提升。

实践证明，开发校本课程对提升教师专业水平，建立新型的教师队伍和培养具有创新意识、实践能力的学生群体，以及对学校特色的形成和健康发展，都有极为重要的积极作用。

在今后的校本课程开发过程中，该校拟进一步拓宽思路，积极、主动、稳妥地加大改革力度，实现校本课程开发的制度化，校本课程的网络化，校本课程的（音、像、书）立体化，逐步形成关注学生全面和个性发展的可供选择的校本课程体系。

第四章　校本课程开发的各方努力

第一节　学校层面

1. 课程改革的目标

（1）基础教育课程改革。要以邓小平同志关于"教育要面向现代化，面向世界，面向未来"和江泽民同志"三个代表"的重要思想为指导，全面贯彻党的教育方针，全面推进素质教育。

新课程的培养目标应体现时代要求。要使学生具有爱国主义、集体主义精神，热爱社会主义，继承和发扬中华民族的优秀传统和革命传统；具有社会主义民主法制意识，遵守国家法律和社会公德；逐步形成正确的世界观、人生观、价值观；具有社会责任感，努力为人民服务；具有初步的创新精神、实践能力、科学和人文素养以及环境意识；具有适应终身学习的基础知识、基本技能和方法；具有健壮的体魄和良好的心理素质，养成健康的审美情趣和生活方式，成为有理想、有道德、有文化、有纪律的一代新人。

（2）基础教育课程改革的具体目标。改变课程过于注重知识传授的倾向，强调形成积极主动的学习态度，使获得基础知识与基本技能的过程同时成为学会学习和形成正确价值观的过程。

改变课程结构过于强调学科本位、科目过多和缺乏整合的现状，整体设置九年一贯制的课程门类和课时比例，并设置综合课程，以适应不同地区和学生发展的需求，体现课程结构的均衡性、综合性和选择性。

改变课程内容"难、繁、偏、旧"和过于注重书本知识的现状，加强课程内容与学生生活以及现代社会和科技发展的联系，关注学生的学习兴趣和经验，精选终身学习必备的基础知识和技能。

改变课程实施过于强调接受学习、死记硬背、机械训练的现状，倡导学生主动参与、乐于探究、勤于动手，培养学生搜集和处理信息的能力、获取新知识的能力、分析和解决问题的能力以及交流与合作的能力。

改变课程评价过分强调甄别与选拔的功能，发挥评价促进学生发展、教师提高和改进教学实践的功能。

改变课程管理过于集中的状况，实行国家、地方、学校三级课程管理，增强课程对地方、学校及学生的适应性。

2. 课程结构

（1）整体设置九年一贯的义务教育课程。小学阶段以综合课程为主。小学低年级开设品德与生活、语文、数学、体育、艺术（或音乐、美术）等课程；小学中高年级开设品德与社会、语文、数学、科学、外语、综合实践活动、体育、艺术（或音乐、美术）等课程。

初中阶段设置分科与综合相结合的课程，主要包括思想品德、语文、数学、外语、科学（或物理、化学、生物）、历史与社会（或历史、地理）、体育与健康、艺术（或音乐、美术）以及综合实践活动。积极倡导各地选择综合课程。学校应努力创造条件开设选修课程。在义务教育阶段的语文、艺术、美术课中要加强写字教学。

（2）高中以分科课程为主。为使学生在普遍达到基本要求的前提下实现有个性的发展，课程标准应有不同水平的要求，在开设必修课的同时，设置丰富多样的选修课程，开设技术类课程。积极试行学分制管理。

（3）从小学至高中设置综合实践活动。并作为必修课程，其内容主要包括：信息技术教育、研究性学习、社区服务与社会实践以及劳动与技术教育。强调学生通过实践，增强探究和创新意识，学习科学研究的方法，发展综合运用知识的能力。

增进学校与社会的密切联系，培养学生的社会责任感。在课程的实施过程中，加强信息技术教育，培养学生利用信息技术的意识和能力。了解必要的通用技术和职业分工，形成初步技术能力。

（4）农村中学课程。要为当地社会经济发展服务，在达到国家课程基本要求的同时，可根据现代农业发展和农村产业结构的调整因地制宜地设置符合当地需要的课程，深化"农科教相结合"和"三教统筹"等项改革，试行通过"绿色证书"教育及其他技术培训获得"双证"的做法。城市普通中学也要逐步开设职业技术课程。

3. 课程标准

（1）国家课程标准。是教材编写、教学、评估和考试命题的依据，是国家管理和评价课程的基础。应体现国家对不同阶段的学生在知识与技能、过程与方法、情感态度与价值观等方面的基本要求，规定各门课程的性质、目标、内容框架，提出教学和评价建议。

（2）制定国家课程标准。要依据各门课程的特点，结合具体内容，加强德育工作的针对性、实效性和主动性，对学生进行爱国主义、集体主义和社会主义教育，加强中华民族优良传统、革命传统教育和国防教育，加强思想品质和道德教育，引导学生树立正确的世界观、人生观和价值观；要倡导科学精神、科学态度和科学方法，引导学生创新与实践。

（3）幼儿园教育。要依据幼儿身心发展的特点和教育规律，坚持保教结合和以游戏为基本活动的原则，与家庭和社区密切配合，培养幼儿良好的行为习惯，保护和启发幼儿的好奇心和求知欲，促进幼儿身心全面和谐发展。

义务教育课程标准应适应普及义务教育的要求，让绝大多数学生经过努力都能够达到，体现国家对公民素质的基本要求，着眼于培养学生终身学习的愿望和能力。

普通高中课程标准应在坚持使学生普遍达到基本要求的前提下，有一定的层次性和选择性，并开设选修课程，以利于学生获得更多的选择和发展的机会，为培养学生的生存能力、实践能力和创造能力打下良好的基础。

4. 教学过程

（1）教学总体要求。教师在教学过程中应与学生积极互动、共同发展，要处理好传授知识与培养能力的关系，注重培养学生的独立性和自主性，引导学生质疑、调查、探究，在实践中学习，促进学生在教师指导下主动地、富有个性地学习。教师应尊重学生的人格，关注个体差异，满足不同学生的学习需要，创设能引导学生主动参与的教育环境，激发学生的学习积极性，培养学生掌握和运用知识的态度和能力，使每个学生都能得到充分的发展。

（2）大力推进信息技术

在教学过程中的普遍应用，促进信息技术与学科课程的整合，逐步实现教学内容的呈现方式、学生的学习方式、教师的教学方式和师生互动方式的变革，充分发挥信息技术的优势，为学生的学习和发展提供丰富多彩的教育环境和有力的学习工具。

5．教材开发与管理

（1）教材改革。教材改革应有利于引导学生利用已有的知识与经验，主动探索知识的发生与发展，同时也应有利于教师创造性地进行教学。教材内容的选择应符合课程标准的要求，体现学生身心发展特点，反映社会、政治、经济、科技的发展需求；教材内容的组织应多样、生动，有利于学生探究，并提出观察、实验、操作、调查、讨论的建议。

积极开发并合理利用校内外各种课程资源。学校应充分发挥图书馆、实验室、专用教室及各类教学设施和实践基地的作用；广泛利用校外的图书馆、博物馆、展览馆、科技馆、工厂、农村、部队和科研院所等各种社会资源以及丰富的自然资源；积极利用并开发信息化课程资源。

（2）完善基础教育教材管理制度，实现教材的高质量与多样化。实行国家基本要求指导下的教材多样化政策，鼓励有关机构、出版部门等依据国家课程标准组织编写中小学教材。建立教材编写的核准制度，教材编写者应根据教育部《关于中小学教材编写审定管理暂行办法》，向教育部申报，经资格核准通过后，方可编写。完善教材审查制度，除经教育部授权省级教材审查委员会外，按照国家课程标准编写的教材及跨省使用的地方课程的教材须经全国中小学教材审查委员会审查；地方教材须经省级教材审查委员会审查。教材审查实行编审分离。

改革中小学教材指定出版的方式和单一渠道发行的体制，严格遵循中小学教材版式的国家标准。教材的出版和发行试行公开竞标，国家免费提供的经济适用型教材实行政府采购，保证教材质量，降低价格。

加强对教材使用的管理和编辑。教育行政部门定期向学校和社会公布经审查通过的中小学教材目录，并逐步建立教材评价制度和在教育行政部门及专家指导下的教材选用制度。改革用行政手段指定使用教材的做法，严禁以不正当竞争手段推销教材。

6．课程评价

（1）建立促进学生全面发展的评价体系。评价不仅要关注学生的学业成绩，而且要发现和发展学生多方面的潜能，了解学生发展中的需求，帮助学生认识自我，建立自信。发挥评价的教育功能，促进学生在原有水平上的发展。

建立促进教师不断提高的评价体系。强调教师对自己教学行为的分析与反思，建立以教师自评为主，校长、教师、学生、家长共同参与的评价制度，使教师从多种渠道获得信息，不断提高教学水平。

建立促进课程不断发展的评价体系。周期性地对学校课程执行的情况、课程实施中的问题进行分析评估，调整课程内容、改进教学管理，形成课程不断革新的机制。

（2）继续改革和完善考试制度。在已经普及九年义务教育的地区，实行小学毕业生免试就近升学的办法。鼓励各地中小学自行组织毕业考试。完善初中升高中的考试管理制度，考试内容应加强与社会实际和学生生活经验的联系，重视考查学生分析问题、解决问题的能力，部分学科可实行开卷考试。高中毕业会考改革方案由省级教育行政部门制定，继续实行会考的地方应突出水平考试的性质，减轻学生考试的负担。

高等学校招生考试制度改革，应与基础教育课程改革相衔接。要按照有助于高等学校选拔人才、有助于中学实施素质教育、有助于扩大高等学校办学自主权的原则，加强对学生能力和素质的考查，改革高等学校招生考试内容，探索提供多次机会、双向选择、综合评价的考试、选拔方式。

考试命题要依据课程标准，杜绝设置偏题、怪题的现象。教师应对每位学生的考试情况做出具体的分析指导，不得公布学生考试成绩并按考试成绩排列名次。

7. 课程管理

为保障和促进课程适应不同地区、学校、学生的要求，实行国家、地方和学校三级课程管理。

教育部总体规划基础教育课程，制定基础教育课程管理政策，确定国家课程门类和课时。制定国家课程标准，积极试行新的课程评价制度。

省级教育行政部门依据国家课程管理政策和本地实际情况，制订本省（自治区、直辖市）实施国家课程的计划，规划地方课程，报教育部备案并组织实施。经教育部批准，省级教育行政部门可单独制订本省（自治区、直辖市）范围内使用的课程计划和课程标准。

学校在执行国家课程和地方课程的同时，应视当地社会、经济发展的具体情况，结合本校的传统和优势、学生的兴趣和需要，开发或选用适合本校的课程。各级教育行政部门要对课程的实施和开发进行指导和监督，学校有权力和责任反映在实施国家课程和地方课程中所遇到的问题。

8. 教师的培养和培训

师范院校和其他承担基础教育师资培养和培训任务的高等学校和培训机构应根据基础教育课程改革的目标与内容，调整培养目标、专业设置、课程结构，改革教学方法。中小学教师继续教育应以基础教育课程改革为核心内容。

地方教育行政部门应制定有效、持续的师资培训计划，教师进修培训机构要以实施新课程所必需的培训为主要任务，确保培训工作与新一轮课程改革的推进同步进行。

9. 课程改革的组织与实施

（1）教育部领导并统筹管理全国基础教育课程改革工作；省级教育行政部门领导并规划本省（自治区、直辖市）的基础教育课程改革工作。

（2）基础教育课程改革是一项系统工程。应始终贯彻"先立后破，先实验后推广"的工作方针。各省（自治区、直辖市）都应建立课程改革实验区，实验区应分层推进，发挥示范、培训和指导的作用，加快实验区的滚动发展，为过渡到新课程做好准备。

基础教育课程改革必须坚持民主参与、科学决策的原则，积极鼓励高等学校、科研院所的专家、学者和中小学教师投身中小学课程教材改革；支持部分师范大学成立"基础教育课程研究中心"，开展中小学课程改革的研究工作，并积极参与基础教育课程改革实践；在教育行政部门的领导下，各中小学教研机构要把基础教育课程改革作为中心工作，充分发挥教学研究、指导和服务等作用，并与基础教育课程研究中心建立联系，发挥各自的优势，共同推进基础教育课程改革；建立教育部门、家长以及社会各界有效参与课程建设和学校管理的制度；积极发挥新闻媒体的作用，引导社会各界深入讨论、关心并支持课程改革。

（3）建立课程教材持续发展的保障机制。各级教育行政部门应设立基础教育课程改革的专项经费。

为使新课程体系在实验区顺利推进，教育部在高考、中考、课程设置等方面对实验区给予政策支持。对参加基础教育课程改革的单位、集体、个人所取得的优秀成果，予以奖励。

10. 评价与完善

根据《基础教育课程改革纲要》和新一轮课程改革的精神，在执行国家课程和地方课程的同时，要着力开发校本课程（选修Ⅱ）。校本课程是整体推进素质教育的重要环节，为保证校本课程的实施质量，特制订校本课程评价标准。

（1）评价原则

①科学性原则。对课程的评价要运用科学的评价方法，提高评价的效度和信度。

②可操作性原则。评价方法要简单可行，可操作性强。

③素质培养的原则。对课程的评价要注重考查提高学生各方面的素质，培养学生的创新意识和创新能力。

④参与性原则。对学生的评价注重校本课程的参与情况，作为学生学分考核的依据。

⑤全面性原则。对教师的评价既要考虑到教师课程目标的

实施情况，学生能力的提高水平，又要考虑到教材的编写质量。

（2）评价内容。校本课程的评价包括 3 方面的内容：课程设置评价标准、课程方案评价标准、课程实施评价标准、学生学习情况的评价标准。

①满足社会、地方需求：校本课程的开发应充分考虑到社会、地方经济发展对学生学识和能力的需求。

②促进学生个性充分发展：校本课程应尽量满足学生的兴趣和需要，促进全体学生的个性特长的发展，为学生的可持续发展创造条件。

③体现教师特长和学校特色：应根据学校的传统和优势，充分利用学校现有师资和条件，努力促进教师教育教学能力的提高和学校特色的形成。校本课程要保持一定的延续性和稳定性，特别是应体现课任教师的个性、才华，弘扬学校特色。

校本课程的评价主要是对 3 个方面进行的评价：课程方案，课程实施，学生学业成绩。

课程方案评价主要课程目标是否符合学校的办学宗旨或者说学校教育哲学，目标是否明确、清楚；课程内容的选择是否合适，所需的课程资源是否能够有效获取，内容的设计是否具体有弹性；课程组织是否恰当，是否符合学生的身心发展的特点；课程评价的方式方法是否恰当；整个课程方案是否切实可行等等。

课程实施评价主要对教师教学过程的评定。教务处、教科室通过听课、查阅资料、调查访问等形式，对教师进行考核，并记入业务档案。主要是"五看"：一看学生选择该科的人数，二看学生实际接受的效果，三看领导与教师听课后的反映，四看学生问卷调查的结果，五看教师的教学案例、教案等。评价要有利于教师自身专业的发展。

学生学业成绩评价主要是对学生在学习过程中，知识技能、情感、态度、价值观、学习方法等方面取得的成绩作出评价，评价要有利于促进学生个性的发展。校本课程不采用书面方式的考试或考查，对学生评价主要是发展性评价：一看学生在学习过程中的表现，如情感态度价值观、积极性、参与状况等，可分为"优秀、良好、一般、较差"等形式记录在案，作为"优秀学生"评比条件。二看学生学习的成果，学生成果可通过实践操作、作品鉴定、竞赛、评比、汇报演出等形式展示，成绩优秀者可将其成果记入学生学籍档案内。

第一，学生上课出勤率评价，计为学时学分。

第二，课业完成情况评价，计为课业学分。

第三，课程结业成绩。计为成绩学分。

第二节　教师层面

1. 实施课程纲要举例

《童心知家乡》校本课程实施纲要

一般项目:

课程名称:《童心知家乡》

主讲教师:开心一唱

授课对象:六年级学生

授课时间:单周周四第七节

具体内容:

第一部分　前言

当前,以调整和改革课程体系、结构、内容,建立新的基础教育课程体系为目标的课程改革正全面展开,确定了国家课程、地方课程、学校课程三级课程体系。根据国家课程改革精神,结合学校十几年来大阅读特色建设成果,依托家乡丰厚的人文、历史、地理、文化、气候资源,《童心知家乡》校本课程应运而生了。为了扎实有效地实施好本课程,特制订学校校本课程实施纲要。

第二部分　课程设计背景

兴隆兴隆林业局像一颗镶嵌在小兴安岭山脉的绿色明珠，素有"林海"的美誉。局址位于巴彦县兴隆镇施业区横跨木兰、通河两县，地处中温带，三江—长白山气温区，属湿润性季风气候，四季分明，交通便利，区位优越，北邻绥化，南毗省城哈尔滨，哈佳铁路、哈罗公路、哈绥高速公路承南接北，林区内公路、森林铁路交织成网，四通八达。总面积301 819公顷。总人口5万，职工1.5万余人，固定资产3.1亿元，年社会总产值2.9亿元，是国家大型I级企业。以上丰厚的文化历史等乡土资源是对学生进行爱祖国，爱家乡，爱科学教育的活教材，也为同学们提供了广阔的实践活动空间和研究性学习天地。为了挖掘学生个性潜能，培养学生创新精神和实践能力，促进学生自主合作探究，全面提高学生综合素质，以新一轮课程改革理念为指导，研究开发了《童心知家乡》这一校本课程。

第三部分　课程目标

2．校本课程开发的总体目标

（1）研究实验目标：开发出具有时代特征及学校特色的校本课程，逐步开发出能促进学校、教师和学生等协调发展的校本教材和优秀案例。

（2）学生发展目标：通过亲身参与学习，丰富学生的课余文化生活，感受家乡文化的内涵和魅力，让学生真正体会到学习的快乐。学生在形式多样的实践活动中，学会观察和思考，学习质疑与探究，形成良好创新意识，促进学生全面发展。也让学生了解了家乡的变化，激发他们爱家乡之情。

（3）教师发展目标：更新教育理念，理解周边文化的育人功能，积极传播家乡的文化，拓展教师知识增长能力，提高专业形象，从而推动教师专业的发展。

3．校本课程的课程目标

（1）知识与能力目标

①练习实地考察、查阅资料、实践操作、实验研究等实践方法，加强实践锻炼，学会多角度、全方位了解事物，培养研究性学习习惯，提高逻辑思维能力。

②了解家乡的人文、气候、动物、植物、旅游业及林产工业。

③练习创新设计，加强求异思维锻炼，提高审美情趣，促进创造性思维发展。

④进行自主合作探究训练，增强合作探究意识，提高人际交往能力。

（2）情感目标

①突出爱国教育。扎扎实实地对学生进行了解家乡、热爱家乡的教育，从而提高其对"热爱祖国"的强烈体验。

②通过对本地自然、经济状况的了解，对学生进行有效的环境教育和可持续发展教育。

③通过对本地历史、文化的了解与认识，促进学生继往开来，奋发学习，自主发展。展示本地深厚的文化底蕴，提高学生的文化修养。

讲述本地知名人物事迹，鼓励学生立志成才。

④养成勤动手、爱实践、善思考、敢立异的态度与习惯。

4. 课程实施原则

（1）方向性原则。在校本课程开发过程中，坚持全面贯彻党和国家的教育方针，全面实施素质教育，使学生德、智、体、美全面发展。不能顾此失彼，始终紧紧把握大方向。

（2）整体性原则。在校本课程实施过程中，要始终处理好国家课程，地方课程和校本课程的关系，依国家课程为基本依据，依托地方资源特色，结合学校学生实际，把校本课程作为一种补充或拓展，不能喧宾夺主。

（3）自主性原则。课程立足学生的主体参与，追求学生的主动发展，通过多样的实践体验，培养学生人际交往、参与社会实践、认识自我、探究发现、创造意识和能力、与环境和谐相处等技能。

（4）创新性原则。课程强调学生的创新意识，着重学生的创新训练，摒弃按部就班，原地踏步习惯，主张标新立异，勇于发散，努力培养学生的创新精神。

（5）生成性原则。校本课程开发是一个相当长的周期，事先不可能考虑得十分周全，必须在开发的过程中及时总结、修订，在实践中将其逐步充实完善。

5．课程教学实施和课程评价

（1）课程的教学实施。本套教材分 12 册，供全校 6 个学年使用（每学年分上下两册），每册教材有 8 个主题，使用一学期，要求每学期整合国家与校本课程，认真制订切实可行的教学计划，完成两个主题的研究学习。

（2）课程的评价。课程的评价从两方面入手：

①对课程教学者的评价。学校从教师对教材的把握情况、教学计划的可行度、教师采取的授课方式、运用现代教育技术的情况以及学生问卷调查的结果几方面结合起来入手对课程教学者形成综合评价，评价结果纳入教师工作考核。

②对学生的评价。学校从学生学习该课程的学时总量、学生在学习过程中的表现（如态度、积极性、参与状况等）、学生学习的客观效果 3 个方面入手，采用自评、互评、家长评、教师评等方式，对学生学习情况作出综合评判，评判结果纳入学生素质发展评定。

（3）撰写课程纲要

一般项目

①主讲教师

②教学材料（改编、创编、选编）

③课程类型

④授课时间

⑤授课对象

具体内容

①课程目标或意图陈述（必须全面、适当、清晰、指向目标的三大领域与学习水平）。

②课程内容或活动安排要求重点明确，从易到难，设计选择什么样的内容。

③课程实施建议：包括方法、组织形式、课时安排（具体时间）、场地、设备、班级规模。

④课程评价建议：指明评价方式、建议采用多元评价（定性、定量或两者相结合）。

（4）社交口语能力培养课程纲要（简单）

一般项目

①主讲教师：高生成

②教学材料：社交口语能力培养（拓展）

③课程类型：人文素养类

④授课时间：一学期

⑤授课对象：初一

具体内容

4、课程目标

（1）学生变羞于、惧于自我表现、与人交际为敢于和乐于自我表现、与人交际。

（2）学生在具体的口语交际情境中学会倾听、应对和表达。

（3）学生树立正确的口才观，激发学习运用社交口语的兴趣。

（4）学生了解社交口语的一般常识要求。

（5）学生认识到社交口语能力对个人成长、发展的重要作用和重大意义。

6. 课程内容（本课程根据学生需求、发展目标共安排6个方面30项内容）

成功心理

（1）口才就是人才：帮助学生了解社交口语能力对人成长、发展的重要作用，明确学习本课程的任务、目标。

（2）我敢说：通过让学生自选话题当众讲话，学生形成当众说话的自信心和勇气，克服羞涩和畏惧的心理。

（3）我要说：鼓励学生当众讲话，调动学生说话的积极性，增强学生发言的主动意识，唤起学生说话的兴趣。

交谈

（4）我会说话：了解交谈应注意态度、讲求礼仪、学会倾听、说话得体的要求。

（5）态势语言：了解态势语言的作用及运用要求。

（6）打招呼：了解见面打招呼的意义及方式。

（7）我们是同学：安排不认识的学生相互交谈，巩固打招呼的技巧，知道对话注意事项，掌握简单的对话方式。

（8）应对：了解应对常用的几种方式、原则。

（9）说服：以理服人，以情感人。学生了解说服应注意的内容、说服别人常用的技巧。

（10）我是老板：了解推销产品、商品的原则，学习简单的推销方法。

（11）当一回外交官：知道谈判的一般原则、程序，学习谈判常用的技巧。

（12）你会说"不"吗：了解拒绝的方式，学习拒绝的技巧。

（13）赞美与批评：了解赞美应注意的事项及常用的批评方式。

（14）带刺的玫瑰：了解讽刺与幽默的特点，学习常用的讽刺、幽默技巧。

即兴演讲

（15）我想当……：了解求职面试应答的窍门。

（16）答记者问：了解答记者问的形式，锻炼即兴说话的能力。

（17）做一回解说员：了解解说员的要求，解说的内容。

礼仪演讲

（18） 祝词、贺词

（19） 欢迎词、欢送词

（20） 假如我是一名导游

演讲

（21） 片段练习

（22） 情态练习

（23） 以情动人

（24） 先声夺人的开场

（25） 演讲比赛

辩论

26～30 略

7. 课程实施建议

实施方法：

（1） 朗读

（2） 复述

（3） 讲故事

（4） 师生谈话

（5） 模拟训练

（6） 社会实践

8. 实施形式

（1）集体训练、实践。就是本组成员共同参与某一训练，座位可以排成圆形、扇形等多种形式，实施时则一起行动。

（2）分组训练、实践。把学生分成若干组参加训练、实践。这种方法在实践训练中比较实用，便于学生化整为零进行训练。

（3）教师设计、组织、主持。基于对课程的认识、设想、开发等原因，校本课程的设计应以教师为主。当然设计应尽力从学生的生活经验延伸、拓展。

（4）学生设计、组织、主持。校本课程是为学生发展开发的，学生对设计教学内容、步骤有较浓的兴趣，教师提供一定的目录、内容，让学生挑选擅长或感兴趣的项目设计活动、情景，给予学生充分参与课程设计的权利，调动学生积极性。

采取哪一种形式或哪几种形式，没有固定的程式，应根据具体环境、场合、学生实际而定，不可拘泥于形式，形式应服从于内容、任务，服务于学生发展。

9. 课程要求

（1）内容一定要符合学生发展需要。

（2）形式上要有利于激发学生兴趣。

（3）突出实践性。

（4）注重知识、能力、态度之间的联系。

（5）运用激励性语言。

（6）学习、训练的过程应成为学生社交口语能力发展的过程。

10. 课程评价

评价内容

（1）学生参与社交口语训练或实践的态度。

（2）学生说话有无变化（态度、方式等）。

（3）学生运用社交口语的态度、熟练程度。

评价形式

（1）学生自评：学生自我对照参加本课程以来的变化，自己对自己评价。内容包括：说话的胆量、说话的声音、仪态等。

（2）教师评价：教师根据学生在学习中的表现、训练实践的态度（投入程度），运用技巧的能力，给学生适当的评价。教师可以用档案袋、成绩册、记分等方式对每位学生的表现简单记录，作为评价依据。

（3）学校评价：可以是学校了解本课程情况的方式，也可以是学生在学校某写活动中特长发挥，得到学校的认可、肯定。

（4）学生评价：学生根据被评价者口语能力的变化，给予认为合适的评价。

（5）他评：指家长、社会等对学生口语的评价，如参加社会实践后，调查、了解学生口语表现情况。

第三节　保障措施

1. 组织保障

近年来，学校结合建设学习型组织，开展了书香校园建设活动，无论是校园的外部建设、内涵的提升，还是师生的文化面貌都有了很大的完善和提高。整个校园洋溢着浓郁的书香气息，形成了人人爱读书，好读书，读好书的良好的氛围，为提高学校的教育教学质量打下了坚实的基础。当然，这项工作是一项长期的、需要坚持不懈进行下去的工作，我们要扬长避短，一如既往的不懈努力，将这项工作继续推向前进。

党的十七届四中全会提出了建设学习型政党的重大战略任务，作为学校基层党组织，应该坚持以科学理论为指导，切实加强学习型党组织建设。学习型党组织首先是一个学习团队，这样组织的精髓是以学习为基础，强调学用结合，知行统一，共同奋斗。这与学校书香校园文化建设的思想内涵是相统一的。以深入贯彻落实科学发展观，大力推进素质教育为目的，以强化学生读书意识、激发学生读书热情、培养学生读书兴趣、养成学生读书习惯、提高学生阅读能力、开阔学生视野为目标的创建书香校园文化，正在学校蓬勃兴起。在校园文化创建中，学校党支部充分发挥了政治导向、思想激发、业务引领的作用，以学习型党组织的标准团结、带领全校师生共同奋斗，不断进取，努力创建书香校园，取得了初步的成效。

（1）加强组织领导，充分发挥党支部的示范引领作用。学校成立校园文化创建领导组织，充分结合教育教学安排和校园文化建设，从实际情况出发，制订了建设规划和具体实施方案，建立起保障机制，做到了目标明确、内容具体、可操作性强，保证了活动的有序开展。

（2）明确重点，量化指标。以经典诵读活动为重点，诵读经典美文，学做阳光少年，这是基础行动。一个学校没有琅琅的书声是很可怕的。没有阅读就没有成长。书声里有理想、信念、情感、智慧和震撼人的力量。重点引导学生学国学、读美文、诵经典、品古韵。在课外阅读方面，根据学生的不同年龄阶段，按照新课标、新教育文库的推荐书目及学生自荐、互荐的书目，坚持每生每学年完成一定标准的阅读量。从而确保学生有章可循，目标明确。

（3）因地制宜，创造读书条件。在时间保障上，每天保证不少于30分钟的诵读时间。固定时间，量化任务，理解记忆、坚持经常。在读书形式上，实行集中朗读和自我阅读相结合的方式，利用晨读、课前诵和课内的相应时间进行集中训练朗读，学生个人在课余找时间进行课外阅读，相互补充，不断提高。

实行图书共享，让有图书的同学把自己家里的书拿到学校，建立班级图书角，既节约了资金，又最大限度地使用了图书资源。

（4）师生携手，共建书香校园。动员广大教师，特别是党员教师深入开展读书活动。阅读专业书籍和有意义的经典美文、经典大作，写出读书心得和心理历程，完善教师的专业技能，陶冶性情，提高品位。坚持开展师生共写随笔活动，同时还举办交流活动，以优秀的教育随笔为主，让教师上台展示自己的思想、交流自己的做法。

近年来，学校结合建设学习型组织，开展了书香校园建设活动，无论是校园的外部建设、内涵的提升，还是师生的文化面貌都有了很大的完善和提高。整个校园洋溢着浓郁的书香气息，形成了人人爱读书、好读书、读好书的良好的氛围，为提高学校的教育教学质量打下了坚实的基础。

2. 研训保障

校本研训在许多学校已经成为学校日常工作的有机组成部分，它以学校行政、教研组、教师3个不同的层级构成一个完善的运作系统，有力地保障了校本研训实施的常态化。

（1）管理干部潜心学校工作的常态化。有的学校对学校管理干部提出"三多""三少"工作原则："多深入课堂研究教学，少参与社交应酬活动"，"多关注教师的身心健康，少搞机械操作的土政策"，"多一点书香气，少一点烟酒味"。许多学校每月进行干部培训，每学期开展管理干部论坛，让管理干部谈自学体会，说工作反思、论管理理念；每年度进行管理干部调研报告评优活动。几乎所有的学校都规定了管理干部听课节数，以确保学校领导对课堂教学的深度关注。

（2）教研组活动常态化。在组内校本研训过程中，教研组是一级非常重要的实施机构。许多学校对教研组内不同人员的职责分工细致明确。教研组长负责教学常规检查和组织教研活动，学科教研员负责组内教师的培训和课题研究工作，学校行政联系一个教研组并对研训活动的质量负责。活动时间一定。每学期集中研训不少于 8 次，其中一次校际交流活动。活动程序明确。教研组活动每两周进行一次，每次必须保证 40 分钟以上。教研活动之前，教研组长、教研员必须先商量好，定主题、定内容、定主讲人。开展活动之前，应通知教科室并进行登记。并向主管行政汇报，邀请其一起参加。每次教研活动要作好出勤记录。填写好《教研工作手册》。

（3）教师学习常态化。有学校针对教师的日常业务学习提出"三经常一坚持"。网络学习经常化，报刊杂志经常翻，读书笔记经常写，教育名著坚持看。任何教育新理念的内化，不是靠几次培训就能解决的，它既需要时间，也需要过程，更需要有计划、有步骤的校本学习，以引导教师不断反思自己、升华自己，从而树立先进的教育教学理念。

（4）教师研训具体化。几乎每所学校对教师的业务提升都有具体的安排。每学期"八个一活动"。读一本好的教育理论书；主持或参与一项教育科研课题研究；上一节校级以上公开课（观摩课或竞赛课）；在组内、校内或以上单位进行一次专题讲座；在实践的基础上总结一个典型案例；撰写一份案例评析；自制一个课件；撰写亲身经历的一个教育故事（教学随笔）。每学期的"八个一工程"树好一个师德形象；做好一个研究课题；写一份有创意的教案；上好一节实验课；出一份具有参考价值的试卷；管好一个班级；读一本教育科研专著；发表一篇教育科研论文。

每学期的"五个一"工程。人人上一堂学科展示课，在实践的基础上总结一个教育教学的典型案例；在与其他教师的协作交流中撰写一份案例评析，自制一个教学课件，撰写亲身经历的一个育人故事。

"以书香滋养心灵，以经典成就人生"。要求教师每学期精读一本教育专著读一本书"活动等。推动全校读书热潮，形成书香校园，用优秀的文化充实教师，每月深读一本教学专刊，每周精读一两篇文章。开展"一生的好书"读书互荐活动、"我的读书故事"演讲、读书沙龙，寒暑教师读书活动，丰厚教师的人文底蕴。

从以上不同学校的规定可以看出，所有学校对教师的业务学习和课堂教学质量都非常注重。

（5）研训主体层次化。有的学校针对教师的专业发展，提出"三格"培养层次：新教师"人格"培养；青年教师"升格"培养；骨干教师"风格"培养。这种层次化的专业发展要求更接近教师发展的实际，更科学化。不同的培养层次都有详细的培养措施。如针对青年教师培养，提出"四会""四课"。

"四会"：迎新会。新教师进校后，学校立即安排迎新会，由学校领导介绍学校的基本情况、历史和传统，使青年教师了解、接受学校文化。拜师会。刚参加工作的新教师，学校安排有经验的教师或骨干教师进行辅导，签订师徒合同书，让他们互帮互助，共同提高。评价会。评价会安排在学校领导对新教师进行了解性听课之后，适时地对新教师的工作进行小结，肯定成绩，指出不足，激发其工作积极性。汇报会。汇报会安排在新教师举行了汇报课之后，通过汇报会，学校领导及时掌握新教师的成长情况。

"四课"：了解课。安排在新教师上课的两周后。由学校领导随堂听课，对新教师的课堂教学进行初步了解。达标课。要求新教师在半年内课堂教学要达到合格标准。对不达标的青年教师采取加强措施，追踪听课，限期达标。汇报课。安排在新教师上课后的第二学期进行，新教师在做认真准备后，通过课堂教学，向学校领导汇报自己的课堂教学成绩。优质课。安排在新教师上课的第二年，学校举办有全体青年教师参加的优质课比赛，让广大青年教师了解自己在教学中所处的位置，以利找准目标，不断提高。

（6）研训内容实在化。校本研训在今天呈现出来的一个非常明显的共同点就是"精讲重教"，注重课堂，而且具体做法多样：一课多轮（三次备课或多次上同一堂课）。自主备课——同伴研讨——反思修改形成新的备课——同伴研讨——反思修改。同课异构。不同的教师上同一堂课。让每位老师展示对教材不同的分析理不同的教学策略选择、不同的资源选用，呈现课堂教学的多样化，以形成自己的风格、彰显自己的个性。然后组织教师进行听课、评课和研讨。从而开阔教师的教学思路，提升教师的教材处理能力和课堂教学质量。专家问诊。请专家深入课堂问诊常态课堂，指导教学。常态课质量监控。规定学校行政的听课量，每天有人巡视课堂，及时发现亮点和不足，提出表扬或改进意见。集体备课。通过教研组集体备课，充分吃透教材，优化课堂教学设计，提高课堂教学质量。

人人都有汇报课。有的学校要求每一位老师每学期都要上好一节汇报课。"汇报课"时，同教研组成员、行政蹲点领导都要参加。通过汇报课展示和研讨，既促进了教师专业素质的提升，又提高了课堂教学质量。将参赛课准备变成一个完整的教研活动过程。有的学校要求有参赛任务的学科教师都要全程参与，从教材处理到素材收集、到课堂教学方式的选择、多媒体课件制作等，课堂教学的每一个环节都进行认真研讨。这样，一次赛课就是多次有针对性的高质量的教学研讨活动。对比研讨，寻找差距。有的学校将本校教师上课实录刻成光盘，和名教师上课的光盘录象进行对比，寻找差距，寻求突破和提高。

（7）研训主体校本化。和最初的校本培训主要靠引进外来专家不同，现在的校本研修中越来越注意发挥本校名师和骨干教师的作用。二度培训。几乎所有学校都规定，外出参观学习的骨干教师，回校后都要对全校教师进行一次学习汇报，及时将最新的信息带回学校，让自己的学习心得供全校教师分享。中心发言制度。许多学校都有中心发言制度，要求每一位老师每学期都要有一次专题中心发言。根据培训计划，中心专题发言可以是读书心得，也可以是教育教学体会。

（8）研训形式科学化。校本研训的内容涉及学校教育教学的方方面面，虽然课堂教学是重点，但其他方面也受注重。有一个学校就针对班主任工作提出了"十为"的要求：为痛苦学生说句安慰话；为孤独的学生说句温暖话；为胆怯的学生说句壮胆话；为自卑的学生说句自豪话；为迷茫的学生说句开导话；为沮丧的学生说句鼓励话；为受困的学生说句解困话；为偏激的学生说句冷静话；为懒惰的学生说句鞭策话；为受冷落的学生说句公道话。

　　研训内容更加人性化。有的学校将校本研训分为必修和选修。必修课程以主题培训为主，内容包括师德教育、教学思想专题讲座、教学基本功训练等；选修课中有女性日常淡妆化妆技巧、服饰搭配、形体与仪态、保健与养生等生活化的内容。这种选修课程使校本研训摆脱了教育教学的一本正经，使教育教学走向生活化、人性化，使教师在工作之余感受生活的乐趣，发现身边的美。这也是一种很好的教师教育，是一种切实有效的教师心理健康教育，从一个侧面为教师的专业发展提供了有力的保障。

　　几点反思

　　①关注课堂是一个永无止境的话题。在这次校本研训检查的过程中，多是把不同的学校放在不同的层次和不同的类型中来评价的，最后得出一个结论，农村中小学和城市一般学校，校本研训应该立足两个基本点：教师基本功训练和课堂教学常规研讨。在没有条件作更高要求的时候，教好书便是最高的要求。所谓教好书就是课堂教学设计合理，教学目标落实到位，教学重点突出，难点解决清楚，在课的结尾对学生的知识和能力培养有拓展延伸的环节。

　　在听课的过程中，我们发现了一些精彩的课，但也在一些课中看到这样或那样的不足。如有些课堂显的拥挤和杂乱。在教师敬业精神和个人素质没有问题的前提下，课堂拥挤和杂乱的主要原因就是教学设计不合理。原因有二：一是教师不能将课堂时间集中在重点、难点的解决上，而是从头至尾平均用力。不能对教材进行合理的消化和处理。二是不能引导学生自主学习，总觉得每个地方都要讲到都要讲清楚才行。

这次听课总有一种非常遗憾的感觉，总觉得凭老师们的素质，课完全可以上得更好。好的课堂教学设计要做到并不难，它就是一个模型建构的问题。校本研训过程中，同教研组的老师针对不同的教学内容，研究出几个最优化的教学内容处理模式，教师在具体教学过程中，根据班上学生的具体情况略加调整就行，关键是要扎扎实实地去做。

②从制度到文化的路程是漫长的。从 2003 年的校本培训责任人的培训，到 2005 的检查推动，再到 2009 年总结经验发现典型的调研，长沙中小学校本研训在市教育局师训部门的组织和推动下，一直在稳步推进和发展，许多学校已经由校本研训的制度建设走向校本研训文化氛围的形成。

制度和文化的区别是十分明显的，制度要求人们去怎样做，而一旦上升到文化的层面，产生和形成了一种文化氛围，人们的行动就会变成一种自觉的行为。所以，校本研训制度建设比较好的学校，教师在参加座谈会时说，我们很累，但学校在创造条件使我们快乐；已经基本形成校本研训文化氛围的学校，教师们在参加座谈时说，我们累，但我们觉得快乐。教师的职业自豪感和人生的意义在平凡的日常工作中被发现、被认可，进而成为支撑教师专业发展的动力和源泉。

③需要点更高的境界和更宽阔的视野。当然，在这次调研过程中，一些学校的校本研训也存在这样或那样的不足。其中一个明显的共同点就是，校本研训的内容基本集中在教育教学技巧的探讨上，对学校教育与人的全面成长的关系少有涉及，对知识传授与人的心智发展的对应关系等层次较深的教育问题基本没有触及。因此，在今后的校本研训过程中，有条件的学校研训的内容还可以更开阔，境界还可以进一步宽阔。

3. 制度保障

它们构成丰富的生活空间，提供着个体生命表达丰富化的可能。群体生活、多样的影响源，保障着个体生命资源的获得，体现出学校教育空间的丰富性。制度保障着学校教育具体资源的获得与运行。尽管制度有可能将学校教育的运作过程机械化、简单化，但我们同时要看到另一面：在制度的安排下，资金、物资、人员、知识、事件等得以被组织进学校教育生活中，并且以特定的形式进入到学校教育运作过程中。缺少了制度的保障，最基本的资源获得都失去了稳定性，因而就可能出现更大的无序、混乱甚至解体。学校教育制度，实际上是对学校教育运作过程的一种"组织"，将各种资源、各种因素、各种可能的"噪声"组织进特定的系统中，这个系统就体现出"复杂"的特征。缺少了这种基本的组织保障，系统的复杂性是无法获得的。正是有了系统的基本的稳定性，才可能在这一基础上进一步提升系统的整体层次。复杂系统绝不是不要秩序、不要组织，而是一种不断提升的秩序、不断对有序与无序进行重新组织，从而获得自我更新的系统。因此，制度是学校教育系统存在与发展的必要前提。在上述三方面的论述中，我们都在呈现制度的"双面"的基础上，强调其正向的、建设性的一面。可是，为什么要这样？这样就能忽视其消极的一面吗？这自然不是我们的意图。如同我们前文中所分析的：学校教育中的"制度"，有着走向"制度化"的危险，但是，在人的价值取向指导下，合理地建设与运用制度，是能够避免其消极的影响，能够将其正向的、建设性的价值发挥出来的。问题不仅仅在于制度本身如何，而且在于制度存在于何种整体环境之中、与人的关系形态如何。制度本身不是价值自足的，而需要意识到它与人的关系；制度本身可以不是固定不变的，需要意识到制度的变迁可能。当我们以建设性的方式观察与思考学校教育中的制度时，自然会在"双面"可能的背景下，发现其健康的一面，并且努力展现这一面。这是本文的整体立场与研究对象所决定的研究方式。可见，人的活动、学校教育的正常运行是离不开制度的，因此我们不可能在当代还希望回归到缺少制度保障的教育形态中去。人们常常争论的问题，应该是这样一个问题：学校教育需要怎样的制度？但是制度所提供的是学校教育改革的基本条件，而不是全部的丰富性。在"育人"目标的直接指导下，在制度的保障下，人依然有着巨大的自主空间，学校教育依然有丰富的可能性。当我们只看到制度的约束性而看不到制度所提供的空间与保证时，或者当我们只看到人的自由而看不到制度的约束时，我们要么会陷入迷茫之中，要么会流连于对空泛的"自由"的遐思中。学校教育制度性的运作方式，提供着人们自主活动的空间与制度保证，而且，这一制度本身，同样是人的生命创造、并继续保持着被人优化的可能。只有在这一前提下，我们才不会放弃对学校教育的希望，也才可能去不断发现学校教育的"可能"。

生命的存在，为制度保障的学校教育带来新的特征，制度保障的学校教育，是从自然的生活世界中的一种分化。这种分化，恰恰体现出人的"意识"的存在。我们可以从"意识"的角度看待学校教育的特殊性。而"意识"的生命功能，正是前文中曾重点分析的。这样，我们可以重新回到"意识"中来，将有意识的"生命个体"这一因素放进这一"制度"的特殊性之中，这样就可以发现：生命的存在，为"制度保障的教育"带来了创造的特征。在制度的保障下，个体可以更为专注于自身的生命实践。它带来了学校教育运行中的整体性、动态性与生成性。

（1）学校教育具有动态性，学校教育中的制度不能也不应框死学校教育。这是制度保障下的学校教育整体特征的时间性呈现。内外各种影响因素的存在，尤其是生命的参与、生命的创生性，使得学校教育呈现出变动不居的色彩，但又不至于走向混乱、走向解体。学校教育不是表现为一种固定的模式，而是经常面对着新的问题、新的生命需要。这些偶然性、可能性影响的存在，不是我们要回避或否认的，而是需要学校教育正视自身的"无序"的一面，从而通过更高水平的"组织"，实现自我更新。学校教育作为一种动态的存在，需要我们关注过程、关注时空与对象的特殊性。我们不可能用一套固有的模式、规则去规范动态的学校教育生活，而是需要以"价值"的眼光去发现动态中的生命资源，以自身的创造性应对学校教育的动态性。因此，学校教育中的制度，要以不框死学校教育为底线。而且，从根本上来说，学校教育中的制度也不可能框死学校教育。在生命的欲求下，在时间的巨大生成环境中，复杂的学校教育会不断否定原有的制度、不断重建新的制度。这样，我们对学校教育中的制度的认识，就需要从坚硬、固化的方式，转换为灵活的、具有价值倾向性的新方式；我们对学校教育的认识，就需要立足在动态的过程之中，寻求学校教育价值的实现。

（2）学校教育具有生成性，学校教育中的制度要以促进生成性为目的。这是学校教育的性质体现。制度所提供的是基本保障，而不是全部的样式设计，否则就走向了"制度化"。在学校教育中，在人与人之间的积极的互动中，在运动过程中，偶然、意外会出现，它们对学校教育中的人提出新的挑战、带来新的成长机遇。此时，如果人能够利用这样的"临界点"，将这些偶然、意外、差异作为学校教育的资源，则很可能推进生命整体的突破性成长，并在新的层面上，面对新的生命资源。学校教育影响因素的多样性、多种因素间的互动、尤其是人与人之间的互动，包含着创造的可能。在积极的因素互动中，新的思想、新的观念、新的生存状态、新的成长层次将可能涌现而出。由此，学校教育在不断生成着"新人"、"新物"，也同时在生成着新的"学校教育"；它们在活动中共同生成、相互生成。前文中所说的作为资源而存在的学校教育，也不再仅仅是凝固的资源，而是不断生发、不断更新、不断显现出的生命资源。在这种生成性中，学校教育具有了"永恒的新奇性"，也就意味着生命具有获得生命资源的永恒的可能性。学校教育必然受到外在环境的影响，而更为内在的影响因素，是生命个体的存在。个体所具有的内在的生命力，为学校教育的自我更新，提供着内在的力量支持。学校教育并不具有固定的模式，也不可能完全被固定化、机械化、模式化，它总是存在于复杂的相互作用之中，被这种"联系"与"互动"所生成，并同时生成着新的存在空间。这样看来，作为生命资源而存在着的学校教育，是具有生成性的资源，它能不断将现有的价值体现出来，并在新的基础上，展现更为丰富的价值，开辟个体生命存在更丰厚的土壤。生成性的存在，同时意味着，学校教育中的制度建设，也是在不断调整、创造之中的，需要针对学校教育发展的现实状态，不断进行制度创新，保障、推动着学校教育改革的不断拓展与深化。

（3）学校教育具有整体性，学校教育中的制度需要综合设计、合理运作。学校教育中的制度，具有一定的分化性，但这并没有改变学校教育生活的整体性，而应从合理的分化、深入、突破的角度来看待制度对学校教育生活的"有意识"的价值实现。专门的教学活动、班级活动、分科教学等，都是学校教育中的制度安排的体现。这些具有一定差异性的活动，尤其是各不相同的学科教学，都意味着促进个体生命整体成长的一个个突破口。可是我们不能总是用分割的、积木式的方式来理解与管理学校教育，而需要回到学校教育这一有机的整体上。如我们已经分析过的：生命的成长，是一种突破性的整体跃迁。它可以由一个缺口开始，进而获得生命整体的解构与重建。学校教育中的分离性安排，不应从肢解生命的角度看待（这并不是否认肢解的可能，而是从正向的思维所做出的结论；这里的提问方式，不是"造成了何种肢解"，而是"如何避免肢解"、"如何实现其积极的建设性的可能性"），而可以从作为生命成长的突破口的角度思考。当我们具有整体的生命视野时，每一种具体的学科教学、每一次看似单独的班级活动，都可能具有整体的意义，它们通过对生命某一领域的重构，作用于生命整体。因此，学校教育中的分离、一定的制度界限，是突出、寻找"突破口"的需要。而在自然状态下的、模糊的整体的生活，其促进生命成长的功能，则可能也是模糊的、自然的。这样，我们对学校教育中的制度的分析以及新制度的创建，从立体的层面的角度看，就需要意识到不同层面制度间的相容性、配套性；从动态的运作过程的角度，就需要意识到制度的激励、保障、调控的功能实现。一套相互协调、灵活运作的制度，将使学校教育运行得更为高效，更有利于实现学校教育的价值。当然，制度的价值实现的前提是：在一定的价值取向指导下进行、保持对学校教育中的制度的"自觉"状态。只有保持着价值的自觉、整体的思维方式，才可能避免"肢解"生命的危险。上述分析，是以正向的思维所作的"发现"。但我们并不能否认："制度"有着走向"制度化"的危险，有着丧失自身价值的危险。但本文更强调：制度的存在，为学校教育生活提供基本的前提，是为了更好地实现学校教育的价值。在一定的制度、规则的制约下，学校教育依然是一个丰富的可能世界。学校教育是制度保障下的学校教育生活，是人类自觉地维护生命存在、提升生命质量的一种生活。问题在于：我们要研究如何实现

"制度"的生命价值、如何防范"制度化"的危险。制度的出现，本身就是希望能更大程度地开发学校教育的价值，因此，是一种人类的"意识"的努力。但"制度化"的出现进一步提醒我们：人类对学校教育的"意识"，需要提升到新的层面，从而为学校教育整体、包括制度提供基本的"意识"支持，指导其价值实现过程。这一"意识"提升的集中体现，就是合理地确定学校教育价值取向。只有合理地确定学校教育的价值取向，自觉地以价值取向为指导，才可能建立起能保障、实现这一价值取向的"制度"，才可能自觉地以"价值"的眼光反思现有制度建设的缺陷与偏差，并重建更高层次的制度及"制度保障的教育"。

4. 课程资源保障（尤其是指对农村）

作为一种长期积淀的文化产物，"应试教育"有完备的社会制度的支持，有广泛的社会成员的认同。所以，以实施素质教育为理想的新一轮基础教育课程改革过程，事实上是一个社会制度重建、教育观念更新的过程。这个过程无疑是非常复杂和艰巨的。农村学校校本课程开发活动，作为农村基础教育课程改革的重要组成部分，不仅是技术性的，而且是方向性的。实践表明，农村学校校本课程开发正在遭遇重重障碍。

（1）课程无知。校本课程是什么？农村学校的校本课程究竟应该如何开发？对于第一个问题，教师在新课程培训中有所了解，但所获信息极为有限，是知其然，不知其所以然，正是由于缺乏对校本课程理论的深入了解和本土性反思，从而致使实践中出现了肤浅的、任意解说的校本课程。对于第二个问题，当前既缺乏广泛认同的农村学校校本课程开发理论，又缺乏区域性的同类型经验。这两个方面的不足，使当前农村学校校本课程开发不得不简单效仿城市经验，从而成为可有可无的校本课程。

（2）课程歧视。在农村学校，各类课程受功利主义思想的影响，被无形的划分为3个等级：第一等级是传统的主科课程，第二等级是传统的副科课程，第三等级是校本课程、地方课程、综合实践活动课程等。校本课程由于缺乏应有的课程地位，从而遭受歧视，在师资、教学设施、教学时间、教学评价等方面均无保障。

（3）缺乏制度安排。在宏观层面，国家缺乏对农村学校校本课程开发的经费投入，未能对现有的农村学校教师结构进行调整以适应新课程改革，中考和高考缺乏对校本课程的关照。在微观层面，对校本课程教师如何考核，对校本课程学习如何评价，如何进行校本课程硬件建设，这些问题都缺乏必要的制度安排予以解决。

农村学校校本课程作为一类全新的课程，要突破农村教育落后性的束缚和应试教育功利性的冲击，必须依靠适切性的专业引领和完备有效的制度安排，构建坚实的课程保障。

①拓宽校本课程发展的精神空间。在我国，二元社会结构使城乡差距持续扩张，其中，教育方面的差距更是突出。但是，当前的基础教育课程改革在宏观层面忽视了城乡教育差距的客观性、显著性、复杂性，出台的政策具有严重的城市倾向性缺陷，例如，现有的国家课程标准对城市而言可能是低标准，对农村而言则成为高标准。由于现有的国家课程标准对农村教育而言要求过高，致使农村学校疲于奔命。因此，当前农村基础教育课程改革，需要国家课程标准符合农村教育的实际发展水平，从而为地方课程、校本课程的发展留出充足的精神空间。

②农村特色的、本土性的校本课程专业引领。理论指导缺乏是当前农村教育发展所面临的严峻挑战。农村学校校本课程开发只有在农村特色的、本土性的专业引领之下，才有可能得到稳步发展。一是农村课改专家指导。农村特色的基础教育课程改革需要"农村课改专家"指导。事实上，当前尚缺乏国家层面的"农村课改专家"，且这一问题尚未引起人们的足够关注。这一问题如果不能及时解决，可能又会使农村教育复归应试教育的"城市中心"、"学科中心"的老路。二是同类型经验引导。农村学校校本课程开发要有自己的特色，需要有"同类型经验"而不是"城市经验"可资参照、借鉴。因此，在一个较小的范围内（地区级或县级）开发较成功的示范性课程具有

迫切的现实意义。三是让管理者成为研究者。当前，阻碍农村学校校本课程开发的教育内部特别是学校自身的首要障碍是管理缺乏专业性。因此，富有成效的农村学校校本课程开发需要农村学校管理者成为研究者，其研究领域包括课程改革政策和理论的本土性解读、农村教育资源与教育需求的调查研究、校本管理的建构与反思、校本课程开发的规划与引领等。

③制度安排。农村学校校本课程作为一类新生课程，初期阶段的发展在一定程度上取决于制度安排。一是经费。客观地说，当前的农村学校校本课程开发缺乏经费保障，且根源在于缺乏经费来源。在这方面，美国的教育改革经验是值得我们借鉴的："几乎每一个出台的教育法都有一部分内容规定配套专项经费的数额及其分配办法，这就使得政策能够在物质利益的强化下，较好地得到贯彻执行。"二是师资。需要通过调整教师结构为农村学校校本课程开发提供胜任的师资。三是评价。中考和高考改革要关照学生对校本课程的学习，给予校本课程教师以平等待遇，具体的校本课程评价应突出过程价值。四是教学管理。在学校层面，规范教学管理，是促使校本课程良性发展的制度基础。五是建立学校与社区之间有效互动的组织与制度。农村学校校本课程开发要得到家长特别是农村社区的认可、支持，只有通过建立诸如"校本课程开发委员会"之类的组织及其相关的校本课程开发和评价制度才有可能实现。

5．设备与经费保障

（1）经费保障制度是学校为安全工作提供必要的经费和物质保障，确保安全工作各项措施贯彻落实的安全管理制度。

（2）各年级在年终做好下年安全经费预算并报学校安全办公室，学校安全办公室根据各校区情况在年初做好全年安全经费预算，并保障安全改造经费的落实。

（3）如整年学校未发生安全责任事故，同时未发生大的安全事故，学校将根据财力拿出一定的经费作为学校安全工作奖，安全工作奖分集体奖和专项奖两部分。

（4）学校每学年安排一定比例的安全工作专项经费，用于安全隐患整治、安全知识宣传、事故应急救援、先进个人的奖励等。安全工作集体奖按责任的大小发放，其系数比为：教职工：班主任(年级组长)：中层干部：安全监督员：学校安全分管校长：校级干部 = 1：2：3：2：2。

（5）年度安全工作集体奖分配中，出现安全事故的责任人或拒不完成学校布置安全任务的教职工，不得分配安全工作集体奖，未按时完成学校布置安全工作任务或完成情况不好的将扣除部分奖金。

（6）学校对年度安全工作中成绩突出的个人，给予一定的安全工作专项奖。

（7）学校应尽力保证安全工作专项经费逐年增加和投入。

第五章　校本课程开发与完善

第一节　校本课程开发的目标

校本课程开发的目标是校本课程开发的方向。从理论上说，校本课程开发基于每一所具体的学校，应该完全是学校自主的行为，但就目前我国基础教育的现状而言，它只能定位于国家课程计划之内，以展现学校的特色、发展学生的个性为主题。校本课程开发的这一客观因素要求在确定校本课程目标时应努力做到以下几个方面：

1. 要以国家课程的教育目标为基准

国家课程开发由国家教育权力机构组织专家，针对全国中小学教育中普遍存在的问题，确立新的课程目标和课程方案，修订或新编教材，然后选择一些学校试验，再向全国推广，最后在学校普遍实施，并接受国家考试机构或其他评估机构的检测。国家课程开发虽然对学校的状况及问题进行调查以及关注学生的学习需要,不过其所关注的是普遍的、一般的、共性的需求而已。校本课程的开发则是针对国家及地方课程难以照顾到不同学校、不同学生的差异性需求而产生的。在设计校本课程时,应将校本课程的特殊目标与国家课程的一般目标结合起来,寓特殊性于一般性之中,使校本课程的特殊目标在与一般目标发生联系的过程中得到实现,有利于校本课程与国家课程的密切配合,从而才能真正发挥校本课程弥补国家课程整齐划一之弊端的优势。在校本课程开发过程中,用共同的教育目标来规范和引导整个开发活动,可防止或避免校本课程开发变成教师自编课程。这样,既保证了国家基础教育的质量,奠定了未来公民的基本素养,又充分体现了他们的个性特长。

2. 要体现学校办学特色

尽管国家对各级各类学校的培养目标和规格有着统一的规定,但这种"统一"只能是最基本的原则性规定,难以照顾各类各级学校的特殊性。学校必须立足自身的人力资源、教育资源、学校环境和办学历史与旨趣,确立自己学校独特的发展方向,体现自己独特的教育宗旨或教育哲学,否则,学校是不可能进行校本课程开发的,即使勉强进行开发,在很大程度上可能是漫无目标的,或者是较低水平的课程开发。在中央集权的国家课程管理体制下,学校至多只是一个循规蹈矩的执行者,较少探索与创造的空间,由此造成了众多学校一个模式的现象。一些过去很有特色的老学校,在应试教育的影响下,也逐渐失去了自己的特色。每所学校都有自己独特的文化历史背景、外部条件和内在条件,这些条件的综合就形成了该校具有自己特色的办学传统和校风。中外大量的特色学校创建的成功经验业已证明,特色课程的构建是实现学校办学特色的重要途径之一。

我国的校本课程开发要走的就是这样一条基于学校现实的道路。

每所学校都应该充分认识到自己学校的特色,进行有特色的校本课程的开发。比如,有体育传统的学校可以以此为切入点,进行有关这方面的校本课程开发;有些学校在校园文学社方面做得比较好,那么就可以在这方面做些尝试,有的学校提出"全面发展,人文见长"的办学理念,这就要求在学校课程体系中加大人文类课程比重,让学生受到人文熏陶。而有的学校以培养未来的科学家为己任,为此就要适度开发更多科学类课程,培育学生的科学精神、动手技能和研究能力。

3.要发展学生的个性

教育是一项培养人的社会活动,这一本质特点决定了学生是教育的出发点和归宿点。国家课程目标主要是以知识为本位的,它关注的是学生整体的基本素质,难以顾及学生个体的兴趣及需要。校本课程开发的根本内涵就在于尊重学生的个性,为资质不一、能力水平相异的学生提供满足他们不同需求的课程,在充分发挥学生主体性和创造性的基础上,培养学生多方面的兴趣、特长和能力。在校本课程开发过程中还需要充分重视学生个体的经历和体验,要基于学生个体的经历和体验,把握好学生个性潜能发展的独特领域和生长点,把这些因素都纳入到校本课程开发的过程之中去。

第二节　校本课程开发的方案

21世纪是以知识创新和应用为课题的知识经济时代,因此,21世纪将是教育和学习起核心作用的时代。但是,现行基础教育的课程,基本上是一种"维持性课程"为主体的课程体系,这种课程体系无法承载培养学生创新意识和实践能力的重任。随着新一轮基础教育课程的实施,新的课程改革给基础教育注入了新的活力,校本课程开发与实践,给学校的发展,给教师专业的发展,给每一个学生的发展,提供新的舞台。我国在第八次基础教育课程改革中,高瞻远瞩,吸取外国基础教育课程改革的成功的经验,颁布了《九年义务教育新课程标准》。新课程将改变课程管理过于集中的现状,实行国家、地方、学校三级课程管理,增强课程对地方、学校及学生的适应性,建立国家、地方、学校三级课程管理,实行集权与放权的结合。校本课程的开发与利用是本次课程改革的亮点,是关系到新课程改革是否成功的关键,是摆在农村中小学面前的新课题、新挑战,也是农村中小学全面实施素质教育的难点。

学校始终坚持全面育人的方针，以培养现代化人才为目标，以创新教育为方向，形成了"以人为本，实施素质教育"的办学宗旨。学校进行了教师培训，教师具有开拓创新精神，为学校课程的开发与实施，提供了良好的保障。

校本课程是基础教育课程改革的组成部分，学校根据党教育方针，国家课程实施计划，根据学校的办学目标，结合学生兴趣，充分利用教育资源，认真做好校本课程的开发研究。

1. 开发目标

（1）总体目标。以课程为载体，在校本课程开发实施中，做到以师生为主体，以人的发展为核心，全面落实素质教育，让师生与课改共同成长。学校根据学校学生持续发展的需要，提出了阅读课和国学课作为学校的校本课程。

（2）具体目标。阅读课：在完成教学规定的课程标准规定的必修课后，培养学生语文阅读兴趣、能力，让全体学生得到全面发展，掌握正确的学习方法，拓宽学生视野，养成良好的学习习惯。

国学课：一、二年级诵读《优秀古诗词70首》

三年级诵读《三字经》

四年级诵读《中华传统美德格言》

五、六年级诵读《增广贤文》

二年级：《优秀古诗词70首》

上学期20首、下学期20首

三年级:《三字经》

上学期"人之初,性本善"～"文中子,及老庄"

下学期"自羲农,至黄帝"～"戒之哉! 宜勉力"

四年级:《中华传统美德格言》

上学期"惜年华志高远"～"学人长戒自满"

下学期"辨善恶知改过"～"爱祖国愿奉献"

五年级:《增广贤文》

上学期"昔时贤文诲汝淳淳"～"世上无难事只怕有心人"

下学期"黄河尚有澄清日岂客人无得运时"～"积钱积谷不如积德买田买地不如买书"

六年级:《增广贤文》

上学期"宁可信其有,不可信其无"～"十分伶俐使七分,常留三分与儿孙;若要十分都使尽,远在儿孙近在身"

2. 教学原则

(1)主体性原则:尊重学生的主体地位,以学生自主阅读、诵读为主,教师讲授、指导少而精,尽量让学生多看、多思、多诵,多给学生以尽可能多的时间与想象、创造空间。

(2)灵活性原则:教学内容、方法应以学生实际情况而定,教师应从学生的能力、效果等差异出发,因材施教,灵活地作内容形式上的调整,使全体学生都得到发展。

(3)开放性原则:体现在目标的多元化、内容的宽适性、时间空间的广域性、可变性,评价的主体性。

3. 组织实施

开发内容

（1）阅读课程：

（2）国学课程：《优秀古诗词70首》《中华传统美德格言》《增广贤文》《三字经》。

4. 教学评价

（1）学生评价

①校本课程不采用书面考试或考查方式，但要做考勤评价记录。

②教师根据每个学生参加学习的态度进行评价，可分为"优秀"、"良好"、"一般"、"差"记录，作为"优秀学生"评价条件。

③学生成果通过实践操作、作品鉴定、竞赛、评比、汇报演出等形式展示、成绩优异者可将其成果记入学生学籍档案。

（2）教师评价

①教师从教必须有计划、有进度、有教案、有考勤评价记录。

②教师应按学校整体教学计划的要求，达到规定课时与教学目标。

③教师应保存学生作品及在活动中、竞赛中取得成绩的资料。

④教务处通过听课、查阅资料、访问等形式，每学期对教师考核，记入业务档案。

第三节   校本课程开发的方向

因地制宜、创新教育是开发校本课程的方向。本节以某校开发陶笛艺术教育为例予以说明。

1. 坚持以学生为主体教学，坚持以兴趣促成绩再开展

陶笛艺术的教学任务，绝对不是为了培养专门的陶笛演奏家，而应面向全体学生，坚持以学生为本，强调学生的学习音乐积极性与陶笛的可操作性。通过校本课程学习的知识与技法，使每一个学生的音乐潜能都能得以开发并使他们从中受益。陶笛教学课程的全部教学活动应以学生为主体，师生互动，将学生对音乐的感受与实践参与放在重要的位置。让音乐的教学意思能延伸到"审美"的环节，让音乐给学生带来"愉悦"和"收获"的快乐。

2. 坚持因地制宜求发展，坚持因材施教再治学

我国的陶笛根植于几千年丰厚的民族文化土壤之中，是"土与火"原始物质完美的结合，更是"古与今"的音乐对话，陶笛是华夏先民共创的成果。学校陶笛教学课程的建设应立足于传统特色，立足于学校文化，因地制宜，因校制宜，从实际出发，挖掘本地传统特色，根据学校自身音乐特色已发展的优势和特长，更加宽泛地拓宽学校的亮点与特色。更需要从陶笛的性质与可入手性上发掘出最合适学生的，在操作上更简化的，在情感获知中最

大化的乐器选择。在指定制定较为系统性,全面性,科学性的教学大纲为前提下,课程开展与实践中,针对学生开展有效的坚持因材施教治学。

3.坚持体现艺术内涵养成,坚持陶冶情操育人为先

陶笛教学集聚着民族艺术文化的精华和结晶。对学生进行陶笛教学,充分地挖掘与体现我国陶笛教学自身的内在文化价值。在强调弘扬本民族陶笛教学的同时,还应以开阔的视野,学习、理解和尊重世界其他国家和民族的音乐文化,从而使学生树立平等的多元文化价值观,以利于我们共享人类文明的一切优秀成果。器乐文化是人类文化传承的重要载体,是人类宝贵的文化遗产和智慧结晶。随着现代社会生活的发展,同样面临着各种机遇和挑战。充满竞争性的现代社会生活,日益转变的审美价值观,都无形地对陶笛教学表演形式提出了更高的要求。在陶笛教学课程的教育活动中,既要继承传统,又要鼓励创新;既要关注传承,又要注重发展。

4.坚持课程实施与成效并行,坚持成果与价值兼顾体现

陶笛教学校本课程的评价应以本课程价值和基本目标的实现为评价的出发点,建立综合评价机制。注重参与,注重体验,是陶笛教学课程评价的基本原则。即不仅要关注学生的陶笛教学学习的结果,更应关注每一名学生的艺术学习参与过程和其中的情感、态度与价值观,以及教师引导学生参与陶笛教学学习的过程与方法的有效性等诸多方面。应善于在动态的教学过程中利

用评价起到促进学生发展、提高教师教学水平的作用。坚持以兴趣为主的教学原则,为学生创设陶笛学习的良好氛围;坚持以引导为主教学方式,为学生创建良好的音乐课堂学习的平等体制;坚持以快乐为主教学目标,为学生获取最和谐的情感需求。

5. 校本课程的基础教学方向与教学体系内容的构成

陶笛校本课程是音乐课程的补充,它的教育目标不仅是对国家课程地方课程教育目标的有效补充和有益完善,更是作为国家民族艺术的瑰宝,它的教育目标是培养每一位学生的思维情绪和行为品行发展能力,更是让每个学习的学生全面、和谐、可持续地发展。长远看,培养学生爱音乐之情;现实看,丰富学生的生活情感,既是提高了学生的艺术素养,也是培养学生的实践能力和创新精神。任何一个领域上的杰出人才都在艺术修养和艺术领悟上都相对同行要来得丰腴得多。

(1)增进学生对现实生活背景下的民族艺术文化的认识和理解,增进对民族音乐各种表现形式的认识与理解。注重学生在体会音乐带来无穷魅力的同时,引导学生学生学习音乐的方法与手段。

(2)拓展音乐知识领域,提高阶段性综合素质,发展学生的创新精神和实践能力,养成良好的艺术品质,从而提升个人的艺术修养。在总结音乐课程的学习的方法的同时,用较有艺术涵养的思维去思考与学习。

(3)陶笛校本课程的教学理念支撑与细则标准的制定。中国民族的陶笛发展有着悠久的历史，种类繁多，又有各自特有的表现手法，因此具体的各科目标也有所不同，根据学校实际情况，制定了"陶笛"校本课程的具体学科课程目标。认识具有鲜明特色的乐器——陶笛，学会欣赏陶笛的演奏乐器。初步掌握陶笛的演奏技巧，能演奏简单的乐曲，积极参加各类艺术表演活动。在陶笛的学习活动中，激发学习兴趣，培养艺术素养，提高审美情趣，锻炼意志和自信心，养成良好的团结协作精神和能力，培养发展学生的音乐表现力和社会实践能力。锻炼意志，树立克服困难的决心和信心。感受成功的喜悦，形成积极向上的生活态度。从学生的实际出发，根据学生生理、心理发展规律和特点，制定了"知识与技能，过程和方法，情感、态度、价值观"3 个维度的各年段陶笛教学课程目标，更加明确了作为校本课程的"陶笛"的各年段发展目标。此基础上，根据各年段的目标，又分别制定了各课程详细、具体的年级学期目标，使目标更加细化，便于教师的把握应用，提高校本课程教学教育实施效果。

教学内容框架与标准指向。陶笛是我国民族特有的乐器之一，音色独特优美，外观古朴典雅，简单易学，小巧易携带，让学生在认识与操作各种"陶笛"的学习活动中，积极参与，学会欣赏，锻炼意志，培养学生的实践能力和对音乐学习的热爱之情。陶笛艺术的课程主要是根据本校的实际情况，根据陶笛教学的特点，各年龄段学生的心理、生理特征和发展规律，分为必学和选学两部分。必学部分是从面上铺开的陶笛基础教学，三年级开始开设，每学期 12 课时。选学内容是主要针对少数学生的提升教学。需要有专业水平的教师单独进行辅导。

（4）校本课程开展中教学与总结评价的构成：为保证《标准》的实施，教师应深入领会课程的基本理念，开拓思路，创新方法，全面实现课程价值和课程目标。

6. 校本教学中应遵循的一些原则与建议

（1）主体主导原则。陶笛教学是以兴趣爱好为动力。在教学中，教师应通过情境创设、技巧表现等手段来引导学生感知、想象音乐，使学生在陶笛演奏中激发学习兴趣，主动学习音乐。这就要求教师必须改变师示徒效的教学方法，采取兴趣诱发式。

（2）实践操作原则。陶笛教学特别重视音乐实践。陶笛的实践性、操作性强，教师在教学中要将讲授理论知识和学生的陶笛实践紧密结合起来。任何一门乐器都要求学生用眼去观察其结构，去看曲谱，用耳朵去听旋律、和声，用脑去想意境，用口和手去吹唱拉弹，用心去感受音乐。教师在教学中要讲练结合、精讲巧练，少讲多练，使学生在陶笛演奏中加深对音乐的理解，通过实践来走进音乐，在乐器演奏中增强动手操作能力，获得音乐审美体验。

（3）民主愉悦原则。教师在陶笛教学中要创设一种宽松和谐的教学氛围、平等民主的师生关系，用自身的丰富情感使学生处于愉悦状态，让学生乐于主动接受艰苦的陶笛演奏。这就要求教师的教学方法要灵活，变"苦学"为"乐学"，使学生明白"乐（音乐)即乐(快乐)"的道理。在教学中,教师可将陶笛演奏趣味化、游戏化。在师生和谐的交流中,在轻松的游戏和有趣的学习中,给学生带来极大的快乐,使他们对陶笛产生浓厚的兴趣,变"要他奏"为"他要奏",激发学生持久的陶笛学习动机。

(4)成功激励原则。教师在陶笛教学中要注意发现学生的闪光点,进行积极评价,使学生进入兴奋状态,使学生体味成功的喜悦,激励他们在学习中大胆演奏,敢于创造。学生在陶笛演奏中,基础知识、基本技能的掌握过程是枯燥乏味的,经常出错,会使陶笛失去了吸引力,难以掌握更会使学生丧失学习激情,教师要充分把握成功激励原则,激励学生在掌握乐曲的基础上大胆创造。为他们提供最绚丽的表演舞台,搭建感受成功喜悦的桥梁。

7. 校本课程的构成中的定位与可持续发展管理建议

(1)校本课程中的教师定位。对教师的评价主要是教育理念、业务素质、教学态度、教学方法和教学成效,以及在师生的交往与沟通中是否爱护和尊重学生等。

(2)校本课程中的学生定位。对学生的评价应关注情感态度、价值观、知识与技能方面的指标,还应考察学习过程与方法的有效性。如:对音乐艺术的兴趣爱好和情感反映,乐器实践活动中的参与态度、参与程度及协调能力,对陶笛艺术的体验表现能力,对陶笛与相关艺术文化的理解以及审美情趣的形成等。

(3)课程管理与课程发展。对管理者和课程的评价主要有:学校领导对音乐艺术教育功能的认识和重视程度、学校的艺术氛围、音乐艺术课的开设、艺术教师和陶笛教学设施的配备、课外音乐活动的开展等。对《标准》执行情况和出现的问题进行阶段性的评价和分析,及时加以总结,不断调整和完善,促进课程的建设与发展。

8.校本课程的管理建议与展望

学校校本课程开发领导小组负责,教导处具体负责课时安排、教师安排和活动场的安排;教科室负责课程内容研究与改进,进行课程指导;总务处负责器材落实,后勤保证;教师——课程的实施者,具体进行活动设计、课堂教学;学生——课程的参与者、合作者,参与、体验。在实践基础上,学校校本课程开发领导小组根据情况随时进行调控。课程的管理坚持灵活性原则,对课程实施中的问题随时加以调整,及时改进,以取得成果。认识与感受是音乐艺术教学的重要内容,是培养学生音乐感受能力和审美能力的有效途径。这一部分内容的教学应以音乐感受为契机,视听结合,辅以教师简明、生动地讲解、提示,让学生多角度地认识各种优秀民族乐器,从而增强学生的体验能力,体验音乐所塑造的意境,激发学生欣赏音乐的兴趣,以及积累感受各种音乐民风的经验。选择我国优秀的民族乐器进行教学实践与体验,对于激发学生学习音乐的兴趣,提高对音乐的认识和感受有着十分重要的作用。在陶笛演奏技巧与表现方法的学习中,应特别注意调动每一位学生实践参与体验的积极性,使其能在教师适当的指导下,自主学习、自主监督、自主提高,并能从中自主体验享受到音乐带来的美的愉悦与熏陶。音乐艺术是一门极具拓展性的艺术。开拓发展传统音乐艺术表演形式上的再创新。陶笛教学可与民歌民舞等教学内容相结合，变单一静态的演奏形式为趣味化、动态化。通过采用各种表演形式，以学生普遍学习乐器的合奏为主，鼓励学生从实际条件和各自的兴趣爱好出发，在普遍参与中发展自己的特长。通过音乐中的器乐校本课程的学习，提升学生个人艺术修养，陶冶情操，更是提升了学校的综合能力素养，创建了学校的独特的艺术学习的氛围。

第四节 校本课程开发的策略

校本课程的开发和实施与人的发展，学校的发展，社会的政治、文化、经济的发展息息相关。在当前素质教育的背景下，如何实现学生的个性发展，"以学生发展为本"？这是基础教育面临的一个难题。

1. 目前我国校本课程开发存在问题的分析

许多学校在校本课程开发方面已经进行了大量的探索，也取得了一定的成果。然而值得注意的是，不同的学校有层次性和差异性，小学的开发情况好于中学，城市学校好于农村学校，重点学校好于一般学校，东南沿海地区好于内陆地区。总体来讲，校本课程开发还处于起步阶段，仍存在一些问题：

（1）在理论研究上，缺乏实证性和可操作性。开发源于西方国家，相关的理论知识引入我国的时间还很短，我国教育工作者对校本课程的探讨和开发主要在理论研究上，缺乏实证性和可操作性。而在理论的构建上，又多从校本课程开发的概念、程序、价值、评价等角度去分析，对校本课程开发中的文化重建、社会文化支持及课程管理的研究还不够。

（2）长期形成的单一课程体制没有得到根本改进。虽说国家有了在基础教育阶段进行校本课程开发的政策，但这只是理论上的宏观引导，还没有制定出十分具体明确的校本课程开发的配套措施与相关制度，比如校本课程开发指南、校本课程实施细则等。这说明第一，校本课程开发在我国还处于有方向而无具体操作措施的"边缘状态"，而且这种状况还会持续相当长的时间。第二，学校自主开发校本课程，并非不需要上级教育行政部门的监督与支持，目前没有还建立健全校本课程相关管理制度和支撑系统，以确保校本课程开发的质量。第三，长期形成的课程体制在思想上和行为上的惯性与校本课程的现实需求之间存在着巨大的反差和矛盾。在校本课程开发的过程中，教师工作量如何核算？教师课堂教学如何评价？学生学业成绩如何评定？校本课程开发方案如何科学评价？这一系列问题都需要去解决。

（3）教师参与校本课程开发面临困难。首先，很大一部分教师还没能转换角色。在较长时间里，教师头脑里只有教学的概念，没有课程的概念，一定程度上形成了依赖性；在教育理论方面,也只掌握教学论而不懂课程论。教师的课程意识、校本课程开发综合知识和能力较为薄弱,缺乏课程设计、实施、评价等方面的专业知识。教师在课程论方面的缺失是阻碍教师顺利进行校本课程开发工作的"瓶颈"。校本课程开发对我国的绝大多数教师来说是一个全新的概念,既缺乏应有的心理认知,也缺乏实际的参与意识。因此,需花大力气进行课程方面的"补课",这既是对中小学教师的挑战,也是对我国师范教育的重大挑战。其次,教师在从事课程开发的工作中有畏难情绪。一般来说,教师参与校本开发需要相当多的时间去设计、去反省、去实施,并在实施过程中不断地加以评价、反思、改进。不管是设计、反省还是实施都要花大量的时间,中小学教师本身的工作已经十分繁忙,如再让教师去开发新的课程,似乎有些力不从心。校本课程的开发与实施确实增加了工作的负担,这种工作付出又如何科学评价? 这无疑在心理上加重了教师的负担,也成为许多教师不愿意参与课程开发的原因之一。

(4)校本课程的开发与实施还存在一定的随意性,没有真正做到以学生为本开发校本课程。目前在校本课程的开发过程中还没有充分考虑课程开发的基本程序,校本课程的管理还不够规范。较多的学校对校本课程的开发尚无整体设计,对校本课程设置的目的和门类,乃至教学目标和教学内容缺少明确规定;对校本课程的评价缺乏研究和实验,校本课程评价审议制度尚未建立,无法对校本课程的设置和效果进行科学而客观的评价。在校本课程的实施上还存在一定的随意性。有些学校的校本课程课时被用于补课等,总体上课时难以保证。有些学校虽然意识到了开发校本课程的重要性,但在开发过程中却没有充分研究本校学生的实际,致使校本课程的门类不少,但对促进学生发展和形成办学特色的作用有限。一些校本课程缺乏综合性、实践性和选择性,教学方式仍以讲授为主,学生的实践活动不足,与课程的教学方式雷同。还有一些学校的校本课程门类较少,没有形成体系,加上配套设施不足,致使学生难以根据自己的需要和兴趣自主选择校本课程,等等。

(5)合作、开放、多元的校园氛围没有形成,这是课程开发走向科学、规范、完善、发展的"瓶颈"。校长、教师、课程专家、学生、家长、社区人士并没有真正参与学校课程计划的制订、实施和评价活动。因此,课程开发的过程缺乏课程专家的指导,没有形成良好的校内外沟通,没有良好的计划组织、可用的教育资源方面的信息,一些教师需要解决的校本课程开发的具体问题只能搁置或回避。

2. 新课程理念下校本课程开发的 6 条策略

(1)建立科学的课程开发程序,保证顺利实施课程开发

①科学的环境分析。这是课程开发与实施的前提。在确定课程目标前,要做好学生需求调查、教学资源评估与配对等环境分析工作。环境分析包括:学校外部环境分析,如社会变革、社会期望、地区状况、教育资源等;学校内部环境分析,如办学条件、师

资状况、学生需求、课程缺陷、校风等。

②校本课程目标的设置。校本课程目标的设置要根据新课程的三维目标，促进学生在知识与技能，过程与方法，情感、态度与价值观方面有全面的发展。校本课程开发的目标至少包括两个相互联系的工作，一是针对教师的专业发展目标，二是针对学生的课程目标，即校本课程开发既要促进学生的特长发展，也要促进教师的专业发展。

③校本课程组织的建立。校本课程学习的组织形式主要有3种类型：自愿选课组班，小组合作研究，个人研究与集体讨论相结合。自愿选课组班是经常采用的组织形式。事先可采用两种选课方式：一是进行调查，学生根据自身兴趣提出选题意愿，老师再"有的放矢"；二是由教师提出自己的课题，向学生公开，学生自愿选择。小组合作研究也是可以采用的非常灵活的组织形式，学生可组成课题组，聘请有一定专长的教师或校外人士等为指导教师。个人研究与集体讨论相结合的形式需要同学围绕同一个研究主题，各自收集资料，开展探究活动，得出结论或形成观点。

④课程实施。课程目标制定以后，课程的开发、实施和效果评价就有了依据。校本课程实施指的是校本课程付诸实践的过程，即走进课堂、走进学生大脑的过程。实施过程中，突出从学习者的生活经验出发，注重实践性，可利用文字材料、模型、书籍、多媒体等创设情境，并通过情境激发学生的思维活动。要鼓励教师进行创造性的劳动，提高教学情境的适应性和教学实践的合理

性。把教师讲授与学生自学和各种活动结合起来,促使学生在获得知识的过程中发展各方面的能力。还可以通过组织讲座、观看电影、观看录像、组织调查研究或其他实践活动等多种形式实施教学,使学生的兴趣、需要、经验、能力在学习中整体提高。

⑤教学效益评价。校本课程开设的效益,可以从两个方面进行评价。首先是学生人数,参加学习人数少于十人,该课程缺乏效率,资源利用效率过低,应该考虑撤销课程。其次是学生学习兴趣的保持度与满意度。学生对课程的选择抱有一定的尝试心理,也带有比较浓厚的感性色彩,学习过程能否保持对课程的后继兴趣和动力,与课程的选材、学习条件与气氛、教师教学能力与专业水准等有关,甚至与学生对课程期望值的高低等有关。

⑥课程反思与重设。课程反思是提高课程质量的需要,也是提高课程效率的需要。特别是在校本课程开发的起始阶段,允许教师和学生有一个相当长的探索、适应时期。各校应根据本身的资源占有和学生实际需要等具体情况,重视课程反思环节,反复衡量利弊,筛选出高效优质、体现特色、培养特长、提高素质的课程体系。

(2)充分发挥学生个性,突出以学生为本。校本课程的开发,强调满足学生的实际需要,以学生的自主活动为基础,通过学生的亲身实践来获取知识。校本课程的开发,必须遵循兴趣优先、活动主导和以学生为本的原则。

校本课程的开发,为学生根据自身的需要进行"选择性学习"

提供了可能,正是这种可能,学生才真正成为学习的主人。由于校本课程的开发能激发学生的学习动力,满足学生的不同学习需要,为学生追求自身的特长发展创造条件。反过来,学生的积极参与,也为校本课程的开发注入了发展动力。

(3)充分发挥教师优势,校本课程发展与教师专业发展相结合。教师专业发展最有利的因素就是亲身参与教育教学活动,把学习过程与实践过程有机结合,促进教师更快速地专业化发展。通过校本课程的开发,在边研究、边探索、边开发、边实施的过程中,教师的课程开发意识、自身素质水平和课程开发能力都能得到同步提高。借助课题的申报,用课题研究的形式带动和推进校本课程的开发,进行课程开发的探索性研究,有利于推进课程开发向高水平的健康方向发展。实践证明,利用这种开发策略,有利于教师的交流与合作;有利于课程开发所必要的经验积累;有利于教师消除对课程开发的“恐惧”心理,实现理论与实践的统一;有利于教师的专业化发展,符合课程开发的探索性和渐进性特点;有利于校本课程在边研究、边开发、边实施、边完善的过程中健康发展。为此,在确认了教师是课程开发“主力军”的地位之后,当前应加强校本课程开发的师资培训工作,对参与校本课程开发的教师进行系统培训,如脱产进修、听学术报告、集中培训等。

(4)充分挖掘学校资源优势,突出学校办学特色。要充分挖掘学校资源优势,突出学校办学特色,充分认识学校自身的利于课程开发的资源优势。学校的资源优势,广义地说是指学校拥有的校本课程开发的各种有利条件和因素,狭义地说是指学校拥有的各种课程内容的直接来源途径。我们所说的学校资源优势,是指学校拥有的形成校本课程的因素来源、实施课程的必要和直接的条件。

认清自身的优势,是成功开发校本课程的第一步。也只有认清了自身的资源优势,并充分挖掘和利用这种优势,才能开发出体现学校特点、突出办学特色的校本课程。

(5)建立开放的机制,充分利用资源优势,有效整合课程资源。课程资源目前可以利用的主要有3部分,一是学校内的课程资源,如实验室、图书馆以及各种教学设施和实践基地;二是校外的课程资源,如图书馆、博物馆、展览馆、科技馆和工厂、农村、部队、科研院所等广泛的社会资源及丰富的自然资源;三是信息化课程资源,如校内的信息技术的开发利用,校内外的网络资源等。以上的资源,既有作用于课程,能直接成为课程素材和来源的素材性资源,也有不能形成课程本身的直接来源,但在很大程度上决定课程的实施范围和水平的条件性资源。充分利用社会资源,与校内资源、信息化资源有效整合,是课程开发的有效策略。

(6)建立完善的校本课程开发的评价管理机制,保证课程质量。校本课程开发活动作为一个整体,其中的每一个阶段都包括一系列的评价活动。评价的内容既要包括对课程开发工作本身进展状况的评价,也要包括对教师工作的客观评价,同时还有对学生学习表现的评价。

在校本课程开发的准备阶段，要首先进行背景性评价。即对编制的课程材料的特点与质量、对地方需求和期望、对学生群体的兴趣状态等都要进行明确的考察。在校本课程开发的编制阶段，要进行课程的实质性评价。考察校本课程开发产品的构成部分或构成因素，以及一连串的学习活动安排是否合理，参与课程开发的教师的工作绩效，等等。实质性评价考察的是课程目标的合理性、目标与教学材料内容的一致性、内容的准确度以及课程的开发实施状况。校本课程开发评价活动的最后一个阶段是结果性评价，即对课程实施过程中的优缺点进行评价。在肯定教师的开发工作成果的同时，提出有助于课程下一轮开发的建议。

建立校本课程的申报与审议制度，由区县教育行政部门对辖区学校的校本课程进行审议，市有关部门应组织各区县共同制定有关中小学校本课程申报和审议暂行办法。还要完善校本课程开发与管理工作的评比制度，加快制定评价标准，推广好的经验。

虽然建立校本课程评价管理机制是艰苦而又繁杂的工程，但它是校本课程开发工作深入持久进行的保证。只有定期地进行课程方案的阶段性评价以及最后的总结性评价，才能使我们的校本课程更加科学、更加完善。

第五节　校本课程开发的反思

　　校本课程开发已成为新一轮基础教育课程改革的亮点,同时,在当前校本课程开发研究中也出现了一些值得探讨的问题。教育探索须从自我反思开始。目前,我国基础教育课程管理体制改革迈出实质性的步骤,出台了三级课程管理政策,确立了地方和学校参与课程管理的权力主体地位。

　　紧扣"以生为本的成功教育"办学理念,一切为了促进学生的健康成长、科学发展、获得成功。如课余时间,某班发现学生爱猜谜语和脑筋急转弯。脑筋急转弯是一种休闲文化,出乎意料之外的幽默效果,给人以意味深长的启迪,寓教于乐;猜谜语,定能使学生视野扩大,思路拓宽。因此,就把校本课程开发定为"脑筋急转弯"和"猜谜语"。经过一段时间的校本课程学习,这个班同学已掌握了不少谜语和脑筋急转弯。同学们兴致很高。

　　记得有位哲人说过:"在交流中成长,在反思中进步。"那么在新课程的实验过程中,在校本课程开发的活动中,到底应该怎么做?

　　1.校本课程开发,大致有以下特点

　　(1)学生收集到的材料比较多。自从老师布置下去,每个学生都能自觉、认真地通过各种渠道收集谜语和脑筋急转弯。收集方式是多样的,有的上网查找,有的查资料,学生读书的兴趣也随之提高了,能积极主动地收集材料。学生收集的材料比较多,非常广泛。

(2)学生的思想是端正的,态度是积极的。对于校本课程的开发,学生的思想是端正的,态度是积极的。这主要表现在校本课上,学生能积极踊跃地汇报自己收集到的材料,对于别人提出的谜语或脑筋急转弯,能积极、认真地猜想答案,兴趣很高,思维快捷。

(3)上课的形式是新颖的。课前让学生准备一些谜语和脑筋急转弯,然后教师把同学们收集的材料再加以分类整理,模仿电视中的娱乐节目,采用竞赛的形式,即"智力快车"。上课时,选好计时员,是为了控制课堂的节奏,便于老师更好地掌握各个环节所用的时间;选记分员,是为了了解每组的得分情况,以便决出胜负;记分标志,都是各小组同学自己动手作的,体现了以学生为主的新型课堂结构。

2. 开发校本课程,及时写好反思

反思一:校本课程开发的课程资源研究薄弱及对校本课程开发的课程资源重要性认识不足。很多学者已经认识到了课程资源的重要性,但还没有进行专题研究。在实践性校本课程开发实践研究中往往提到了课程资源,却没有论及课程资源是从哪儿获得的,仿佛课程资源是"应有尽有"、"取之不尽"的,关于教师、学生也是课程资源的论述是十分有见地的,但有关研究者更是寥若晨星。课程资源是决定校本课程开发可能与否的最现实条件,应该放在校本课程开发条件的第一位。在条件性课程资源相对劣势的情境下,要把重点放在政策性资源开发,丰富自然资源的开发,学生课程资源的开发上,构建丰富多彩的、因地制宜的"校本"课程资源网。

反思二:校本课程开发实践研究有知识浅化、活动化的趋势。由于校本课程开发主体知识与经验的局限,课程资源的限制,以及盲目照搬所谓的成功经验,校本课程开发出现简单化和互相模仿的倾向:"第一课'小猫叫,小狗跳',全国小猫一起叫,小狗一起跳",学习知识的系统性和质量难以得到保证。由于过于重视学生在课程开发中的需要(很难说学生确切地知道他们的成长应该需要什么),校本课程开学生在课程开发中的需要(很难说学生确切地知道他们的成长应该需要什么),校本课程开发已经出现了过分重视活动的倾向,只有活动,没有学习内容。

反思三:如何满足学生实际发展需要?由于国家课程更多地考虑到的是学生的统一的、共同的基本素质要求,很难充分照顾到每一所学校学生的差异性和多样化问题,而校本课程开发更有条件满足学生的实际发展需要。因此,学校在课程决策中要尽可能地注意学生对于不同专题的兴趣,注意建立信息收集的渠道,定期跟踪学生兴趣的变化,作为进行校本课程开发的重要决策依据。

校本课程开发在我国还属新生事物,没有固定的模式,也没有现成的经验,对其基本的模式和程序也在探讨之中。我们要以教育科研课题为支撑,突破陈规而不因循守旧,不断吐故纳新,探讨和研究适应时代和社会需要的新的教育理念、教育方式、教育实效。通过校本科研强化教师的课程意识,掌握课程的一些基本原理,明确课程目标、课程内容、课程实施、课程常识、课程探究等基本理论,为课程开发提供理论依据;强化专业素养,提高创新能力,重建知识结构。

校本课程开发与实施的过程,必须依靠我们广大师生自觉、自律、自评、自省、自我反馈、自我改进、自我激励、自我提高。对于校本教材的使用,也正在学习、探讨、思索之中;如何进行校本课程开发,也是一个关键的问题,这些都需要在实践中边实践、边开发、边探索、边反思、边提高、边总结。

附　录

　　校本课程的开发,主要是针对国家课程开发,以学校为基地进行地方性、特色性等课程的开发,实现课程决策民主化。国家在作课程计划时应该把一部分权力下放给学校,强调学校、地方一级的课程运作,主张学校的教师、学生、学生家长、社区代表等参与课程的决策。校本课程开发是学校课程管理的组成部分,它需要有领导的支持,专家的指导,教师的努力和参与,需要得到全社会的理解、支持和评价。总体上说,校本课程开发的程序主要有4个阶段:

　　地方课程和地方课程管理是两个有区别又有联系的概念。地方课程主要是指新课程体系中由地方负责开发和组织实施的课程,它是课程体系的组成部分,属于课程形态范畴;地方课程管理概念要宽泛得多,它既包括前者即地方课程的开发和组织实施,还要包括地方对国家课程的组织和落实,包括对学校(校本)课程的指导和管理等,属于课程管理范畴。

　　地方课程是基础教育课程体系中的重要组成部分,由地方根据国家教育方针、课程管理政策和课程计划,结合本地的优势和传统，充分利用各类课程资源，自主开发并实施、管理的课程。开发地方课程要根据学生的需求，着眼于学生发展；要强调因地制宜，反映当地社会、文化、经济发展的需求，有效地增强课程对地方的适应性，形成课程的地方特色，为地方经济发展和社会进步服务。

地方课程的内容以地方的历史、文化、经济、社会、自然、环境等资源为主，但不要局限于某一地域范围，要体现开放性；既要根据地方的传统，又要根据社会发展的未来需要，体现时代性。

地方课程的实施要具有实践性、综合性、多样性。合理设计课程模式，更多地组织学生开展不同形式的实践活动，为学生提供经历、体验、感悟、综合和提升的机会、条件。

在管理方面，国家要求省级教育行政部门成立专门小组，组织各方面力量，在深入调查研究、充分论证的基础上，做好本省（自治区、直辖市）地方课程的规划，要将地方课程与国家课程的实施、校本课程的建设有机结合起来，通盘考虑，整体规划，分类指导。经批准，有条件的地（市）、县（市、区）也可独立规划地方课程。其规划方案需报上一级教育行政部门审议备案。

在地方课程的组织和实施上，地方要制订地方课程实施纲要或方案，明确规定地方课程目标、课程内容、课程门类和形态、课时分配、课程实施办法、课程评价、课程管理等方面的要求。